KB060939

보이지 않는 도시

보이지 않는 도시

발행일
2022년 6월 25일 초판 1쇄
2024년 1월 5일 초판 6쇄

지은이 | 임우진
펴낸이 | 정무영, 정상준
펴낸곳 | (주)을유문화사
창립일 | 1945년 12월 1일
주소 | 서울시 마포구 서교동 469-48
전화 | 02-733-8153
팩스 | 02-732-9154
홈페이지 | www.eulyoo.co.kr

ISBN 978-89-324-7473-1   03300

보이지 않는 도시

임우진 지음

을유문화사

일러두기

1. 인명이나 지명은 국립국어원의 외래어 표기법을 따랐습니다. 단, 일부 굳어진 명칭은 일반적으로 사용하는 명칭을 사용했습니다.

2. 도서나 잡지 등은 『 』로, 영화나 TV 프로그램명은 〈 〉로 표기하였습니다.

3. 참고 문헌은 숫자로 표기해 구분했고, 본문 뒤 '참고 문헌'에 출처를 밝혔습니다.

여는 글

제사장과 파라오가 사람의 생각을 지배하던 시절, 그들이 옳다고 하는 선악과 음양의 절대 논리만 따르면 사람들은 별다른 질문이나 고민 없이 수월히 살 수 있었다. 어쩌면 우리는 재수가 없었던 걸지도 모른다. 그 편한 시절을 놔두고 하필이면 요즘 같은 복잡한 시대에 태어났으니 말이다. 복잡한 것만 해도 벅찬데, 서로 상대적이고 모순되기까지 한 것들과 범벅이 되어 허덕거리며 살아야 하는 시대다. 단순하게 사셨던 조상님들이 타임머신으로 오늘날에 와서 우리 꼴을 보게 된다면 분명 자신의 시대로 미련 없이 돌아가려고 할 것이 분명하다. 미국의 인문 지리학자 이-푸 투안은 현대 사회는 절대적인 우주보다 분열된 신념과 상충하는 이념들이 공존하는 사회라고 (지나치게) 멋지게 묘사했지만, 그럼에도 분명한 것은 절대적인 것은 절대적으로 없다는 사실을 인정하느냐 안 하느냐에 따라 우리의 인생 여정의 궤도는 많은 부분 달라진다는 것이다.

서양 역사의 가장 위대한 도전으로 추앙받는 콜럼버스의 항해는 대단한 생각이나 치밀한 계획에서 시작한 게 아니었다. 황금이 가득하다고 소문난 인도에 자신도 어떡하든 가고 싶었으나, 유일한 길이었던 동쪽 항로를 오스만 제국이 점령한 상황이라 어쩔 수 없이 아무도 없는 서쪽 바다로 떠난 것뿐이다. 아무것도 보장된 것이 없는 죽음의 항해를 황금을 향한 실낱같은 희망으로 견뎌야 했고 그러다 우연히 미지의 땅에 도착했다. 새로운 땅에 내리며 자신이 고대하던 바로 그 인도의 반대편 땅이라 철석같이 믿었고, 그래서 그곳을 서인도제도West Indies라 불렀다는 일화는 자신이 알지 못하는 미지의 세상에서는 계획한 대로 절대로 흘러가지 않는 여행의 속성을 잘 보여 준다. 여행은 자신이 가진 절대가치를 내려놓게 되는 여정이기도 하다. 일단 익숙한 환경을 떠나 언어도 문화도 다른 곳에 이르면, 전에는 당연하고 상식적이라고 여겼던 것들이 아무런 의미가 없어지는 기괴한 경험을 하게 된다. 그러면서 대면하게 되는 이해되지 않는 상황과 어색한 환경에 당황하고 힘들어하지만, 그것 또한 어느 순간 익숙해지고 결국 왜 그런지 이해할 때 즈음 비로소 진짜 신비한 경험을 하게 된다. 거짓말처럼 예전에 살던 익숙한 것들을 다시 돌아보게 되고 전에는 당연하다고 생각했던 것이 꼭 그렇지만은 않다는 것에 놀라게 되는 것이다. 여행이 주는 최고의 선물은 그래서 자신의 원래 모습을 남처럼 타자화他者化해 볼 수 있기 때문이라고 하지 않는가.

건축이나 도시라는 분야가 어렵고 또 재미있는 이유는 모든 것이 상대적인 것들로 채워져 있기 때문이다. 절대적이고 객관적인 정답이란 게 애초부터 존재하지 않는 분야이다 보니, 어떤 이는 부동산적인 관점으로 도시의 부를 계량하고, 누구는 문화적인 관점으로 도시의 가치를 이야기하고, 다른 이는 역사적인 관점으로 도시의 현재를 비판한다. 각각 자기의 생각과 가치관으로 자신이 사는 곳을 바라보니 본인이 좋아하는 것이 옳은 것이라고 믿는 경향이 있다. 전문가니 지식인이니 하는 좀 배운 이들의 특징을 굳이 꼽으라면 자신을 제외한 다른 모든 문제에 유난히 비판적인 관점을 견지하면서 말도 굳이 그렇게 한다는 것이다. '먹물'들의 알량한 자존감은 현상의 어두운 면을 굳이 들춰내 긁어 대는 소리를 낼 때 높아지는 것 같다. 흔히 "문제가 뭐냐면 말이지…"라는 문장으로 시작할 때가 그런 경우다.

이 글은 다른 나라의 유명한 도시와 비교하며 우리 도시의 부족한 면을 비판하기 위해서 쓴 글이 아니다. 그래서 나는 이 글을 읽는 독자들이 건축 안내서나 도시 비평서가 아니라 상상력을 펼칠 수 있는 이야기처럼 읽길 바란다. 읽기도 전에 미리 '스포일러' 하긴 꺼려지지만 마음 급한 독자들을 위해 이 책을 굳이 정의하자면, 우리가 너무나 당연하게 여기는 도시에 대한 판에 박힌 인식을 한 꺼풀 벗기면 그 아래에 어떤 다른 모습이 숨겨져 있는지 찾으러 떠나는 '탐험기'에 가깝다. 그래서 이 글은 우리 도시의 문제점을 끄집어내 비판하는 데엔 관심이 없고, 그 어떤 해결책을 제시하지도 않는다. 다만 서로 다른 것과 상대적인 것들에 대한 목격담으로 채워져 있다. 이렇게 이야기하니, 쓸데없고 단편적인 기록들이 아닐까 걱정할 필요는 없다. 그 이야기들은 자연스럽게 서로의 문제점을 해결하는 실마리가 되어 주기 때문이다.

독자의 편의를 위해 나는 이 책의 내용을 크게 1부와 2부로 나누어 놓았다. 다섯 개의 꼭지로 구성된 1부는 전공자가 아니더라도 쉽게 공감할 수 있는 일상의 공간 속 이야기들로 채웠다. 각각의 장은 서로 독립된 일화들이라, 독자들은 어렵지 않게 일상 속 '보이지 않는 공간'을 다소 의외의 모습으로 만나게 될 것이다. 어떤 독자들은 공간이라는 범위가 단지 건축물에만 한정되는 것이 아니라는 것을, 나아가 주변에서 흔히 마주치는 익숙한 모든 일상이 공간과 관계된 것이란 사실까지 발견하게 될지도 모른다. 또 다른 다섯 가지 이야기로 구성된 2부는 그동안 현대 도시·건축 담론에서 많이 소개되지 않았던 이슈를 내 나름대로 재해석해 발전시킨 도시에 관한 내용들이다. 그래서 '보이지 않는 도시'라는 이름을 붙였고 결국 본서의 제목이 되는 부분이다. 1부에 비해 호흡이 약간 길고 다소 전문적인 내용도 간간이 첨가되었지만, 그 역시 전문가가 아니라도 어렵지 않게 이해할 수 있는 일상적인 내용들이다. 다만 한국의 도시·건축 전공자들에게는 그동안 접하지 못한 새로운 도시적 관점을 만날 기회가 될 것이다.

글을 시작하기 전에 책 제목을 '보이지 않는 도시'라고 붙인 이유에 대해서는 약간의 설명이 필요하겠다. 왜냐하면 오래전에 제목이 유사한 소설들 — 『보이지 않는 도시들*Le Citta Invisibili*』(이탈로 칼비노, 민음사, 2007)과 『보이지 않는 도시*La Ciudad Invisible*』(에밀리 로살레스, 문학과지성사, 2008) — 이 이미 발간되었기 때문이다. 실례에도 불구하고 비슷한 제목을 붙인 이유는 이 제목 말고는 이 글이 말하는 바를 정확하게 표현할 다른 제목을 찾기 어려웠기 때문이었음을 밝혀 둔다. 이 아름답고 섬세한 걸작 소설들의 제목과 유사한 제목을 단 졸필이 원서의 명성에 누나 끼치지 않기를 바랄 뿐이다.

자! 여행을 떠날 시간이다. 보이지 않는 도시로의 여행. 그런데 그 목적지는 먼 미지의 도시가 아닌 바로 우리가 살고 있는, 너무 익숙해서 잘 안다고 믿는 바로 그 도시 속으로의 여행이다. 비록 바라던 인도에는 다다르지 못했지만 존재조차 몰랐던 아메리카에 첫발을 내디딘 콜럼버스처럼, 이 여행이 끝날 때

즈음 당신도 상상하지 못했던 다른 세계에 들어서게 될지 누가
알겠는가.

2022년 5월, 파리에서 임우진

차례

여는 글 _5

1부 보이지 않는 공간

1장 왜 그 차만 정지선 앞에 멈췄을까 _17

인간은 원래 선하다 | 양심 냉장고 | 도시 시스템
도시는 시민을 믿지 않는다

2장 국회의원들은 왜 고함을 칠까 _39

흰 쥐 | 극장 | 국회 의사당

3장 왜 조상님을 산에 모실까 _59

장례 지도사 | 추모와 두려움 | 가족의 집

4장 소파는 왜 등받이가 됐을까 _79

쐐기돌 | 등잔 밑은 어둡다 | 안방과 침실
마루와 거실 | 온돌

5장 왜 부자들은 벤츠를 탈까 _111

채 나눔 | 권력과 상징 | 부촌

2부 보이지 않는 도시

6장 만남의 광장에서 누굴 만나는가 _131

광장의 기억 | 길 | 광장의 조건 | 한국적 광장

7장 왜 우리는 높은 건물에 열광할까 _163

산지미냐노 | 맨해튼 | 라스베이거스 | 매트릭스

8장 모임의 끝은 왜 항상 노래방일까 _195

노래방 | 교도소 | 공동체와 공간 | 벽과 담장
아파트 단지 | 환각제 | 마을과 도시

9장 왜 아이들은 항상 어지를까 _235

공간 주도권 | 사회 구심적 공간과 사회 원심적 공간
길은 누구의 것인가 | 도시는 누구의 것인가 | 사람과 도시

10장 누구를 위해 꽃을 심는가 _273

꽃 마을 | 반쪽 집 | 우리 집

닫는 글 _301
참고 문헌 _307
도판 출처 _309
찾아보기 _311

1부 보이지 않는 공간

1장

왜 그 차만
정지선 앞에 멈췄을까

역시 안 되는 것이었나……. 포기하고 밤샘 촬영을 접으려는 스태프. 그런데 그때 거짓말처럼 소형차 한 대가 횡단보도 앞에 멈춰 선다. 놀라움과 흥분에 촬영 스텝은 허겁지겁 뛰어간다. 갑자기 들이닥친 카메라에 놀랐는지 망설임의 시간 끝에 내려진 차창 뒤에 있던 사람은 다름 아닌 지체장애인 부부. 진행자 이경규는 "왜 신호를 지키셨나요?"라고 물었다. 운전석에 앉아 있던 남편은 느리고 힘들게 대답한다.

"내가… 늘… 지켜…요."

인간은 원래 선하다

전통 한옥의 창문이나 방문에는 대체로 밖에서 문을 잠그는 장치가 없다는 사실을 눈여겨본 사람은 드물다. 집을 나설 때 문을 잠글 필요가 없었다는 의미다. 오래된 한옥이나 산사의 담장은 고개를 들면 집 안이 다 들여다보일 정도로 낮다. 제주도 등에 아직도 남아 있는 옛 민가에는 대문에 나무 막대만 걸쳐 놓고 주인이 있고 없음을 알렸다. 이런 예들은 한국의 전통 사회가 얼마나 더불어 사는 이웃들을 신뢰하고 있었는지 잘 보여 준다. 그만큼 이방인의 유·출입이 빈번하지 않고, 집으로 접근할 수 있는 사람은 혈연이나 지연 관계에 있는 공동체 내의 사람이라는 뜻이다. 그리고 비록 내 집 문을 잠그지 않고 외출하더라도 누군가 집에 몰래 들어오거나, 어쩌다 누가 들어온다고 해도 해를 끼치지 않을 거라는 무한한 신뢰가 깔려 있다. 또한 무슨 일이 생기면 주위 이웃들은 한걸음에 달려와 곤경에 처한 자신을 도와줄 것이다. 한국인의 이런 공동체에 대한 절대적 신뢰는 비록 현대화되면서 많은 부분에서 사라지고 있다지만, 사실은 아직도 우리의 도시 곳곳에서 명맥을 유지하고 있다.

잠깐 눈길을 본인 집의 현관 자물쇠로 돌려 보자. 1980~1990년대에 지어진 대부분의 아파트 현관문들이 아주 늦은 밤이 아니라면 닫혀 있되 (수동식 잠금장치라면) 잠겨 있지는 않을 것이다. 그리고 만약 집 안에 누군가와 함께 있다면 (그리고 지금 대낮이라면) 문이 자물쇠로 잠겨 있지 않을 가능성이 더 높다.* 카페나 도서관에서 노트북이나 핸드백으로 자리를 맡아 두고 마음 편하게 화장실에 가는 사람들이나, 아파트 현관 앞에서 온종일 주인을 기다리는 택배 상자 같은 한국의 흔한 일상은 서구에서 '세상에 이런 일이' 같은 신기한 일화로 종종 소개될 정도다. 서구의 관점에서는 믿기 어려운 이런 현상은 기본적으로 이웃에 대한 무의식적인 신뢰가 바탕이 된 결과다. 학자들은 이런 현상을 '낙관적인 도시관'이라 부른다.

무더운 한여름 대낮에는 이런 낙관적 도시관이 색다른 광경을 만들어 내기도 한다. 집 안 환기를 위해서 아파트 대다수 세대가 복도를 향해 현관문을 반쯤 열어 놓은 광경을 보면서, 나는 한국의 전통적인 도시관의 명맥이 아직도 유지되고 있음을 확신했다. 나무 막대기만 걸쳐 놓은 제주 민가의 대문이나, 반쯤 열어 둔 도시의 아파트 현관문들이나 깊은 곳에서 의미하는 것이 어찌 다르겠는가. 그런 점에서 한국의 도시가 인간을 바라

• 물론 요즘 서울의 아파트촌에서는 암호를 입력해야 열리는 자동 스마트키 때문에 잠겨 있는 문이 점점 더 많아지고 있다. 그러나 서울 강남에서 강북으로 갈수록, 대도시에서 시골로 갈수록, 큰 평수의 고급 아파트에서 작은 평수의 서민 아파트로 갈수록 잠겨 있지 않을 확률은 여전히 높다.

보는 관점은 그래도 '인간은 선하고 믿을 만하다' 쪽에 가깝다.

　그런데 이런 인간적인 신뢰와 공동체적인 의리를 누군가가 '배신'했을 때 한국인이 느끼는 분노와 절망감은 이루 말할 수 없다. 어떤 이유로 범죄 혐의를 받고 검찰에 출석하는 사람을 향해 기자가 "왜 그랬나요?" "유가족에게 할 말은 없나요?"라고 꾸짖듯 묻는 이면에는, 가족 같은 공동체의 일원이면서 왜 공동체를 배신했냐는 강한 원망과 분노가 깔려 있다. '인간적으로' 실망했다는 것이다. 그만큼 서로를 의지해 살아온 가족 공동체 문화에 강하게 귀속된 한국인의 내면은 모든 문제를 사람 중심으로 바라보려는 성향이 강하다. '사람이 전부'라는 유교적 인본주의는 우리의 도시 곳곳에 아직도 굳건히 숨 쉬고 있다.

양심 냉장고

지금도 왜 하필 상품이 '냉장고'였는지 의견이 분분한 〈양심 냉장고〉는 1997년 문화방송MBC 코미디 프로그램의 한 꼭지였다. 교통 단속이 없고, 교통 신호에 무관심할 만한 새벽 시간에 임의의 도로에 잠복하고 있다가 신호와 정지선을 양심적으로 지키는 운전자에게 냉장고 한 대를 상품으로 주는 기획이었다. 첫 촬영이 시작되자 예상했던 것처럼 대부분의 차들이 적신호를 무시하고 횡단보도를 지나갔다. 그대로 밤을 새운 촬영 팀이 무리한 기획이었음을 깨닫고 촬영을 마무리하려 들던 새벽녘, 소형차 한 대가 남들은 다 지나가던 횡단보도 앞에 거짓말처럼 정지했고 촬영진은 흥분에 싸여 그 차로 뛰어갔다. 그리고 그 차 안에서 창문을 내린 사람은 지체장애인 부부였다. 당시 사회자였던 방송인 이경규는 "왜 신호를 지키셨나요?"라는 희대의 질문을 했고, 지체장애인 남편은 "내가… 늘… 지켜…요." 라고 대한민국 방송 프로그램 역사에 오랫동안 남을 대답을 했다. 누구도 흔쾌히 지키고 싶어 하지 않는 법규를 사회의 가장 약자라고 여겨지는 장애인이 묵묵히 지키는 모습에 많은 사람이 가책과 감동을 받았고, 사회적으로 큰 파장을 일으키면서 우리 사회의 기본적인 공중도덕과 질서, 법규에 대한 무관심을 깨치는 계기가 되었다고 많은 이에게 기억되고 있다.

한 TV 프로그램이 던진 여파가 얼마나 컸던지 공권력도 무엇인가 해야 했고, 교통 신호 준수나 횡단보도 정지선 지키기가 개인적인 양심의 문제를 넘어 '선진 국민'이 되기 위한 사회적인 캠페인으로 발전한다. 캠페인이라는 이름의 대규모 단속에는 애꿎은 경찰관이 동원됐고 그들의 어깨에는 "정지선 지켜 일등 국민 되자"라는 띠가 둘려 있었다. 단속이 시작되자 시민들은 '양심적으로' 법규를 지킬 것인가 '비양심적으로' 안 지킬 것인가의 기로에 섰고, 재수 없이 단속에 걸리기라도 하면 과태료는 물론이고 양체 즉 비양심으로 치부되어 비난받고 훈계받아야 했다. 졸지에 한국인은 교육되고 선도되어야 할 하등 국민이 되어 버린 것이다. 신호와 법규를 어긴 것은 분명 위법이므로 일부러 그런 것은 아니었다고 발뺌은 해도, 그런 행동이 잘못이라는 공공의 윽박에는 그 누구도 이의를 제기하지 못했다. 그러나 지속적인 단속과 캠페인에도 차량의 횡단보도 정지선 위반이 개선될 기미가 안 보이자, 교통 당국은 결국 법까지 개정(도로교통법 제24조)하여 정지선 위반 시 처벌을 합법화한다. 이에 따라 적색(황색) 신호에 진입해 횡단보도 위에 정차할 경우, 단속하는 경찰관은 범칙금 6만 원과 함께 벌점 15점을 '양심 불량' 운전자에게 부과할 권리를 얻게 되었다. 그런데도 위반이 계속되자 당국도 더 교활해진다. 시민들끼리 서로 감시하도록, 블랙박스나 스마트폰으로 위반 차량을 촬영해 국민신문고, 스마트 국민제보를 통해 신고하는 제도까지 도입한 것이다.

"정지선 지켜 일등 국민 되자!"라는 계도성 띠를 두른 경찰이, 정지선을 어긴 운전자에게 면허증 제시를 요구하고 있다. 규정을 어긴 운전자는 벌금뿐 아니라 '일등 국민'이 되지 못했다는 불명예까지 감수해야 했다.

한 공익 코미디 프로그램이 촉발한 '선한' 사회를 향한 집단적 행군에 무언가 중요한 것이 빠져 있다는 생각이 들기 시작한 것은 그즈음 내가 유학차 파리에 도착한 지 얼마 되지 않아서다. 파리 시내를 운전하던 중 우연히 신호등의 불빛이 아닌, 신호등이 놓인 위치에 '건축가적' 시선이 멈췄을 때다. 한국 사회가 개인의 양심과 의식 수준에 대해 서로를 자책하게 하는 이면에, 왜 그 프로그램은 막상 우리의 도로가 개인 양심 탓을 해도 될 정도로 잘 만들어졌는지는 묻지 않았을까 궁금해진 것이다.

질문의 과녁이 바뀐 순간 내 얼굴은 어둠 속 해골에 담긴 물을 맛있게 마시고 아침에 그것을 발견한 원효대사의 표정과 비슷했으리라.

서울의 횡단보도(△)는 신호등이 대부분 횡단보도 건너편 쪽에 멀찌감치 있다. 운전자에게 잘 보이도록 만들어 놓은 것인데, 빨리 가고 싶은 마음에 횡단보도 정지선을 넘어서도 운전자가 볼 신호등은 여전히 잘 보이기 때문에 불편함이 없다. 그에 비해 파리나 유럽의 신호등(▽)은 횡단보도 앞에 위치한다. 만약 정지선을 넘어가면 자신이 봐야 할 신호등이 보이지 않으니 위반을 하고 싶어도 할 수가 없다.

도시 시스템

다민족·다문화 환경으로 수백 년을 지낸 도시와 단일 민족·단일 언어로 살아온 도시의 환경은 어떻게 다를까. 다양한 사고방식과 서로 다른 문화를 가진 사람들이 같은 도시 공간에서 공존하려면 저 사람도 나와 비슷한 생각을 할 것이라는 기대를 애초부터 품지 않게 된다. 더군다나 한 나라에서 사용되는 언어나 종교마저 다르면 '공동의 선' 같은 형이상학적 공동체 가치는 희미해진다. 모든 것은 **구체적으로** 규정되어야 하고 **문서로** 명기되어야 하고 **물리적으로** 구분되어야 한다. 생각도 다르고 언어도 다르니 그렇게 하지 않으면 지켜지지 않을 게 분명하기 때문이다. 이것이 서구라 불리는 대부분의 유럽 국가와 그들의 문화를 계승한 미국 같은 나라가 겪어 온 도시 문화고, 이런 태도는 그들의 도시 곳곳에 알게 모르게 스며들어 있다.

서구의 도시 문화는 기본적으로 인간을 신뢰하지 않으며, 항상 문제를 일으킬 수 있는 대상으로 여긴다는 점을 내가 깨닫게 된 것은 신호등 위치의 차이를 발견한 후 한참이 지난 뒤였다. 양심이나 시민의식 같은 형이상학적 정신문화에는 일말의 기대도 없이, 어차피 대중이란 질서 따위 지키지 않을 것이 분명하니 질서를 '지킬 수밖에 없도록' 유도하기 위해 선제적이고 적극적인 방식으로 도시 전략을 수립해 온 것이다. 그래서 캠페

영국 런던의 한 지하철 내부 벤치(△). 한국 같으면 여러 명이 서로 알아서 앉는 단순하고 긴 평상 같은 벤치였을 텐데(▽), 오직 네 명만 앉을 수 있게 팔걸이로 자리를 구분해 두었다. 서구와 한국의 도시적 관점 차이를 잘 보여 주는 광경이다.

인이나 선도 같은 도덕적이고 인간적인 과정은 낭비로 여겨진다. 유럽의 여러 도시 중에서도 특히 프랑스 파리는 이런 극단적인 다문화 환경을 수 세기 동안 격렬하게 겪어 온 곳이다. 외국인 거주자와 관광객의 비율이 전 세계에서 가장 높은 곳이기도 하다. 기본적으로 라틴 민족 특유의 밀집되고 섬세한 프록세믹스proxemics* 공간 감각을 가진 곳인데다, 너무나 다양한 각국의 문화가 한곳에서 공존하기 때문에, 예측 불가능한 충돌 가능성을 줄이고 서로 안심할 수 있는 선제적인 '안전장치'가 필요했다. 이 장치는 도시 시스템이란 이름으로 발전한다. 함께 살지만 같은 생각을 하지 않는 시민들에게 받은 도시적 '상처'가 이 시스템의 거름이 되었다.

도시 시스템은 예측 가능한 모든 문제에 대해 ① 발생하지 않게 미리 예방하는 방향으로 ② 설치와 유지비를 최소화하면서도 지속적이게 ③ 만약 문제가 발생한다면 반드시 문제를 일으킨 주체에게 그만큼의 책임을 묻는 방식으로 전략이 수립된다. 미국은 여기에 총기를 사용할 수 있는 추가 옵션까

• 미국의 인류학자 에드워드 홀Edward Hall이 저서 『숨겨진 차원The hidden dimension』에서 제시한 공간 개념. 개인과 개인이 사회적 관계를 만들어 가기 위해 선호하고 감내하는 거리가 각 문화권마다 다르다는 것으로, 프랑스나 이탈리아 같은 라틴 문화권 사람들이 독일이나 미국 같은 앵글로색슨 문화권 사람들보다 서로 가깝게 모이려는 성향이 강하다.

지 장착했다.

유럽의 대도시는 길거리 무단 주차를 방지하기 위해 단속원이나 단속 카메라 대신 보도의 턱을 높이고 길의 형태를 바꿔 다툼과 민원의 소지를 아예 없앴으며, 횡단보도 침범을 방지하기 위해 캠페인과 단속 대신 신호등의 위치와 시야각을 조정해 정지선에 정차할 수밖에 없도록 했다. 야간 노상 방뇨와 쓰레기 무단 투기를 방지하기 위해 거리의 사각지대에 경고판 대신 일부러 높고 아름다운 화단을 설치했고, 사고 다발 등으로 자동차 속도를 50시속 킬로미터(km/h)로 제한해야 했다면 아예 도로의 형태를 바꿔 폭을 좁게 하고 길을 구불구불하게 만들어 운전자가 속도를 줄일 수밖에 없도록 했다. 넓은 4차선 도로는 그냥 두고 속도 제한 표지판과 사고 다발 지역 경고판으로 운전자의 주의와 양심을 기대하는 태도는 애초에 없다는 의미다. 단속 카메라가 없다는 것을 이미 알거나 아무도 단속하지 않는 밤이면 지켜지지 않을 테니 말이다.

또한 이런 도시 전략은 ① 도시 구성원의 개체가 다양할수록 ② 그들 간의 밀도가 높을수록 ③ 그들 사이에 문제점과 분쟁의 발생이 빈번할수록 점점 더 섬세해지고 지능화되었다. 그 시스템이란 무엇을 말하는지 몇 가지 구체적인 예를 사진과 함께 살펴보자.

△ 서울에서 흔히 볼 수 있는 후면 도로의 모습. 차도와 인도의 구분이 무의미한 경우가 허다하다. 보·차의 구분은 생략되기 일쑤고, 불법·임의 주차하기에 거리낌이 없는 구조다. 이런 모호한 시스템이 원활히 작동되려면 감시하고 단속할 사람과 단속 카메라가 필요하다.

▽ 무단 주차에 대한 파리의 전통적 해결책이다. 보행로가 겨우 1미터 남짓한 폭이지만 도로 턱과 말뚝으로 분명히 구분해 두었다. 차도의 폭 또한 앞차가 잠깐 정차라도 하면 뒤에 따라오는 모든 차가 기다려야 하는 넓이다. 여기서는 따로 '주정차 금지'라는 푯말을 붙여 놓을 필요도, 굳이 단속원이 단속할 필요도, 단속 카메라를 설치해 항상 누군가 모니터를 바라보고 있을 필요도 없다. 길의 구조 자체가 (머물 수 없는 구조이기 때문에) 무단 주차도, 차량의 인도 침범도 불가능하게 만든다. 부가적인 관리 없이 경제적으로 그러나 지속적으로 작동하는 도시 시스템의 좋은 예다. 너무나 단순해 보이지만 이곳에 시스템이 있다.

△ 서울의 지하철 개찰구. 사람이 많은 시간에는 그나마 잘 작동하지만, 인적이 드문 야간에는 꼭 그렇진 않다. 서울 지하철 공사는 개표하는 경비를 아끼려 무인 개찰기를 설치했지만, 결국 별도의 감시원을 두어 시민들의 무단 통과에 맞서야 했다. 하지만 감시원이 퇴근하는 저녁 늦은 시간은 아직도 많은 취객이 그 위를 뛰어넘는다.

▽ 파리 역시 초창기에는 무단 통과하는 시민 때문에 골치를 앓았고 무언가 행동해야 했다. 출입을 막는 회전 봉이 아닌, 별도의 문을 설치해 뛰어넘는 행위를 방지했다(표를 넣고 문이 열려야만 통과할 수 있다). 그러나 소수의 시민도 만만치는 않아서 두 명이 서로 밀착해 통과하는 등의 편법이 동원되자 시스템은 한 단계 더 진보한다.

프랑스 제2 도시 리용의 지하철역은 통과 회전 봉이나 개폐식 칸막이 같은 무단 통과 대비 시설을 설치하지 않았다. 시민들은 양심껏 지하철 표를 기계에 넣어 도장을 찍지 않더라도 자유롭게 역내로 들어갈 수 있다. 그러나 표에 도장을 찍지 않고 객차에 탔다가 객차 내에서 불시에 나타나는 검표원에게 발각되면 요금의 2백 배에 해당하는 벌금을 내야 한다. 이른바 '징벌적 손해 배상'이다. 게다가 이 벌금 액을 몇 배로 더 올리더라도 아무도 항의할 수 없다는 장점까지 있다. 전통적인 시스템보다 진보했다는 이유는 비싼 개폐기와 단속 카메라 등의 설치 비용을 절약한 데다 위반한 시민에게 가혹할 정도의 비싼 벌금을 물려 일부 불법 승차로 손해 본 금액보다 더 큰 이익을 보기 때문이다. 어차피 범죄율 제로의 세상은 불가능하니 그 범죄를 '이익의 원천'으로 이용한 섬뜩하기까지 한 시스템의 진화다.

파리 시내를 차로 달리다 보면 가끔씩 차선이나 심지어 중앙선도 없는 도로를 만날 때가 있다. 무언가 구체화하는 것에 강박관념을 가진 파리가 왜 이렇게 게으름을 피웠을까 궁금할 정도다. 그러나 이 게으름처럼 보이는 광경이 도시 심리학의 치밀한 연구 결과임을 아는 이는 드물다. 약한 경사가 있고 폭이 넓어 멀리까지 시야가 확보되는 도로처럼 운전자가 속도를 내고 싶은 욕구가 강한 도로에 선별적으로 차선과 중앙선을 지워 버렸다. 실제로 차선은 옆 차선의 자동차와 심리적으로 구분해 주는 역할을 하니까 도로 조건이 좋으면 운전자는 자연스레 안심하고 속도를 올리기 마련이다. 그런데 자신의 영역을 구분해 주는 차선이 없어지면 운전자는 심리적으로 위축되고 주위 차에 신경 쓰여 자신도 모르게 속도를 낮추게 된다. 혼란하고 난잡해 보이는 차선 없는 도로인데, 그 불안함에 차들의 속도가 줄어드니 사고도 당연히 줄어든다. 기존의 상식을 완전히 깬 도로 시스템이지만 그곳에 무서울 정도로 잘 고안된 도시 시스템이 숨어 있다.

도시는 시민을 믿지 않는다

인류의 역사에서 20세기는 천만이 넘는 다수의 거대 도시 메갈로폴리스megalopolis가 탄생된 시기로 기록될 것이다. 18세기 말 서유럽의 산업혁명부터 촉발된 도시 집중화 현상은 한 세기 만에 지구상에 천만 인구의 서울보다 더 큰 도시를 20여 개나 만들었다. 보행자나 마차의 속도에 적합하게 만들어졌던 도로는 자동차와 지하철에 맞게 재편되어야 했고, 나무와 흙으로 지은 집에 살던 사람들은 지상 수백 미터 상공의 유리 상자 위에서 살게 되었다.

그런 천지개벽 같은 도시 환경의 변화에도 공동체 및 자연과의 조화를 중요시한 한국의 전통적인 도시관은 지금도 사람들의 내면에 굳건히 남아 있고, 또 대도시의 비인간적인 측면이 부각될 때마다 소환된다. 아파트의 높이가 높아질수록 사람들은 더더욱 북촌이나 익선동 같은 사람 냄새나는 '동네' 분위기를 그리워하고, 굳이 시간과 비용을 들여 골목길로 모여든다. 도시적 감수성이 있는 몇몇 한국의 건축가들은 산동네나 전통 마을 골목길의 공동체적인 분위기를 흠모하고 현대 도시 속에 이를 다시 만들어 낼 궁리를 한다. 또한 '마을'보다 몇십 배 커진 '단지'에서 커뮤니티센터나 주민 광장 같은 물리적 공간을 욱여넣어 그것이 전통적인 공동체를 회복시켜 주는 데 기여하길 희망한다.

도시는 거대해지고 복잡해지는데, 도시를 바라보는 관점은 여전히 전통적이고 인간적이다. 횡단보도 앞에서는 '양심적으로' 정지해야 하고, 길가에는 '인간적으로' 쓰레기 무단 투기를 하지 않고, 계단에서는 '선진 국민처럼' 우측통행해야 하고, 지하철에서는 '예의 바르게' 노약자에게 자리를 양보하고…… 등의 인식에는 "사람은 그래야 한다는" 유교적이고 공동체적인 이상적 상식이 작용한다. 그러니 당연히 그래야 하는데 응당 그러지 않는 사람을 나쁜 사람으로 매도하고 비난한다. 서로 비슷한 관점을 공유한 전통 공동체 사회의 '이심전심'이 오늘의 거대 도시 환경 속에서도 통용되길 바라는 것이다.

그러나 이런 인본주의적 순진함이 천성적으로 '교활하고 이기적인' 메트로폴리스와 만났을 때 반드시 보답받는 것은 아니다. 양심적으로 횡단보도 앞에 정차하지 않고 길에 쓰레기 무단 투기를 하는 시민들을 매일, 수없이 마주해야 한다. **문제는 도시 구조에서 발생하는데, 원인을 사람에게서 찾는 것이다.** 개개인은 양심적일 수도, 비양심적일수도 있지만 교통 신호는 나쁜 사람만 위반하는 것이 아니다. 단지 조금 편하고 싶고 조금 빨리 가고 싶은 것뿐이다. 그들 모두를 비양심적인 범죄자로 매도하는 것은 쉽지만, 단속하고 벌한다고 해서 향후에도 그들이 지속적으로 양심적일지는 누구도 장담할 수 없다. 믿었던 시민들에게 상처를 입은 도시는 누군가가 뒤에서 계속 지켜봐야 하는 단속 카메라를 설치하고 경찰을 동원해 시민을 감시하고 단속하는, 사람을 이용해 사람을 제어해야 하는 굴레를 벗어나지 못한다. 이렇게 단속하는 사람과 단속당하는 사람 사이에 얼굴 붉혀야 하는 갈등은 계속된다. 차라리 사람에 대한 기대가 없었다면 서구의 도시들처럼 도시 시스템을 더 정교하게 발전시키는 방향으로 문제를 해결하려 했을 것이다. 이러한 치밀한 도시 시스템의 실체가 기본적으로 사람은 악하다는 '성악설性惡說'에 그 철학적 기반을 두고 있는 것처럼 느껴질 테니 나의 이런 지적에 많은 한국인은 생소함을 넘어 언짢을 수도 있다. 그럼에도 사람은 선하니 어쨌든 믿어 보자는 공동체적 전통은 이 거대 도시에서 계속 상처받을 것이 분명하니, 도시 전략이 영악해지고 치밀해지는 것을 좋고 나쁘다로 판단할 일은 아닌 것이 분명하다.

다시 1997년의 '양심 냉장고'로 돌아가 보자. 잘못된 시스템 위에서 잘못을 반복하는 시민이 있다. 우리는 시스템의 결함보다 사람(자신은 제외한)의 수준과 소양을 말한다. 그것이 더 쉽고 속도 시원하기 때문이다. 지루한 조사와 치밀한 연구, 힘든 합의와 값비싼 인프라 개선은 따분하고 느릴뿐더러 '악인'을 비난하는 후련함을 주지도 않는다. 그런데 만약 파리나 뉴욕에서 누군가 '양심 냉장고' 같은 공익 프로그램을 만들어 방영했다면 어땠을까? 교통 신호를 지킨 한 명의 귀인에게 한국인처럼 감동하고 박수를 쳤을까, 아니면 대부분의 자동차가 신호를 어기게 도로를 만든 도시계획가와 당국을 비난했을까. 선진국이고 문화 대국이라고 알려진 서구의 도시에서 무단 횡단하는 시민을 보는 것은 어렵지 않다. '비양심적'인 시민으로 가득한 그 나라에서는 단지 사람이 다른 사람의 인간성과 문화 수준을 비난할 필요가 없을 정도로 잘 고안된 도시 시스템이 있을 뿐이다. 시스템은 시민이 착하든 그렇지 않든 일관되게 작동할 때 공적 시스템이 된다. 선진국은 있어도 선진 국민은 없는 셈이다.

"부끄럽지 않으세요?" 서울의 주택가 구석에서 흔히 볼 수 있는 무단 투기 경고장과 그런데도 쌓여 가는 불법 쓰레기. 양심과 소양에 호소하는 서울의 태도는 도시 구석구석에 여전히 남아 있다. 모두가 질서를 잘 지켜야 하는데 현실은 그렇지 않아서 상처받는 도시. 과연 이 글을 본 '나쁜 사람'은 그 바람대로 이 무단 투기 쓰레기를 양심적으로 찾아갈까?

2장

국회의원들은
왜 고함을 칠까

저녁에 가족이 모여 앉아 식사할 때쯤이면 듣고 싶든 그렇지 않든, 뉴스를 틀면 항상 국회 소식을 전해 주었다. 뉴스의 부지런함 덕분에 국회 의사당 대회의장은 (직접 가 본 적은 없어도) 모르는 사람이 없을 정도다. 어떤 법안이 통과되었느니, 여야 충돌 끝에 결국 본회의가 취소되었느니, 몸싸움을 했느니…… 이런 국회의 만상은 주위에 있는 공기처럼 매일 들려왔지만, 우리 가족 중 선거 결과 외 소식에 귀 기울이는 사람은 없었다. 그러다 가끔씩 국회가 어떤 곳이라는 걸 깨닫게 해 준 것은 밥상 위를 가로지르는 아버지의 무심한 한마디.

"저놈들 또 싸우네……."

흰쥐

동물 실험이 인간에 대한 궁금증을 전부 풀어 주는 것은 아니지만, 많은 부분 흥미로운 단서를 제공하기 때문에 생물학, 의학, 심리학 연구에 오래전부터 사용돼 왔다. 한 과학자가 40년 동안 관찰할 경우, 생쥐는 440세대를 거치지만 인간은 고작 2세대에 그친다. 동물의 세대 간격은 인간보다 월등히 짧아서 동물을 이용하면 시간을 가속화해 실험의 신뢰성을 높일 수 있기 때문이다.1 세계대전 중 급격하게 늘어난 포로나 피난민을 효과적으로 수용하기 위해 전쟁 당사국들은 인간이 감당할 수 있는 한계 공간 밀도를 찾아내야 했다. 미국 정부의 요청으로 인류학자들은 실험용 쥐 등을 통한 다수의 동물 연구를 수행했는데, 한 동물학자가 야생 흰쥐의 집단생활 행동 패턴을 살피는 실험을 수행하다 흥미로운 현상을 목격한다.

버려진 헛간을 개조한 축사에 집단으로 수용된 흰쥐의 반응을 살피는 실험이었다. 이들은 서로 안면도 혈연관계도 없는 관계였다. 수용 초기 얼마간의 어색한 동태 파악이 지나자 확인되지 않은 이유로 서로 편이 갈리기 시작하고, 두세 집단으로 나뉜 패거리끼리 사소한 영역 싸움이 시작되더니 갈등이 쌓이자 점점 난장에 가까운 전면전으로 치닫는다. 부상자가 나오고 결국 죽는 경우까지 발생하는 극단적인 상황에 이르자 각 집단은 각자의 영역으로 돌아가 숨 고르기를 한다. 가끔 국지전이 발생하곤 했는데, 이 국지전은 패거리의 대장이 일행에 보호되어 뒤로 빠지고 서열상 제일 졸병들이 수행했다. 긴장이 지배하는 냉전이 한동안 계속되고, 그동안 먹이를 먹지 못해 뚜렷하게 움직임이 느려진 상자 속에 치즈 한 조각을 던져 주자 실험자도 예상하지 못했던 상황이 발생한다. 다시 전면전이 발생한 것인데 기존의 패거리 구분은 물론 대장, 졸병의 서열도 사라져 버린 것이다. 결국 제일 힘 센 놈 혼자 치즈를 차지해 버리고 나머지는 구경만 하는 신세가 되고 마는, 승자 독식의 원시적 약육강식 현상이 장기간 굶주린 후 치즈가 축사에 던져지는 매 순간 계속된다.

학자들은 오랜 실험 끝에 이 끝나지 않을 것 같은 분쟁 상태를 해결할 두 가지 방법을 찾아내는데, 첫 번째는 놀랍게도 전체 상자의 크기를 4분의 1로 줄여 주는 방법이었다. 서로 꽤 넓은 공간 속에서 여유롭게 살던 쥐들은 갑자기 줄어든 면적에 패닉 상태가 된다. 집단 간의 구분도 서열 체계도 뒤죽박죽되면서 마치 굶주린 상태에서 먹이가 주어진 상황마냥 난장판이 되고 만다. 그런데 얼마간의 시간이 지나자 거짓말처럼 일종의 평화 상태가 찾아온다. 집단 간의 서열 관계도 뚜렷하게 약화되고 편 구분도 모호해져 기묘한 안정기가 도래한 것이다. 공간이 너무 좁으니 할퀴고 싸워 봐야 서로 피곤해지기만 한다는 것을 깨우친 것처럼 물리적인 충돌은 줄어들고 서로 소통하는 듯 보이는 '찍찍' 소리가 뚜렷이 증가했다. 더욱 놀라운 것은 굶주린 후 먹을 것이 주어졌을 때 넓은 공간에선 서로 싸웠던 것과 달리 좁은 공간에서는 치즈를 서로 나누어 먹기 시작했다는 것이다. 연구자들이 찾아낸 또 다른 해결책은 서로 칸막이를 해서 각자 독방 생활을 하게 한 것이다. 서로 눈 마주칠 일이 없으니 쥐들은 각자의 방에서 평화를 맞이한다. 몇 달이 지나고 동물학자는 상자 속 모든 쥐의 지능 검사를 했다. 전체 면적을 줄인 첫 번째 경우, 모든 쥐가 놀랍게도 지능뿐 아니라 건강 지수도 상당히 증가했으며 스트레스 지수까지 뚜렷이 감소했다. 반면 각각의 독방에 수용한 후자의 실험용 쥐는 지능 지수 검출이 어려울 정도로 멍청해져 버렸다.

이 실험은 미국의 동물학자 존 캘훈John Calhoun이 실제로 수행했던 방대한 동물 실험 중에 포착된 유의미한 실험 결과로, 포유류 동물에게 '적당한' 거리가 사회적 관계와 유대를 증대시키고, 나아가 개인의 지능까지 향상시킨다는 것을 보여 주는 흥미로운 예다. '적정 거리'보다 밀접해지면 스트레스를 받고 심하면 개체 사이의 분쟁이 발생하며, 그보다 멀어지거나 고립되면 사회성이 결여되고 개개인은 무기력해진다.

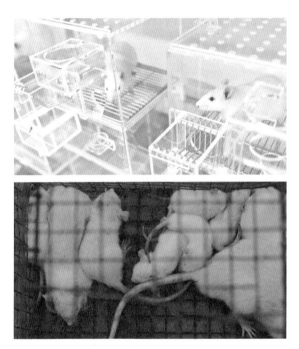

독립된 공간의 흰쥐(△)와 밀도가 높은 공간의 흰쥐들

극장

학창 시절 교단에서 같은 반 아이들 앞에 서서 발표를 하거나 무슨 이유에서건 강당 단상에 서서 전교생을 마주 본 기억이 있다면, 다수의 시선을 마주하는 것이 얼마나 진땀 나는 것인지 쉽게 회상할 수 있을 것이다. 그런 의미에서 관객 앞에서 행하는 공연을 영어로 '성능', '재능'과 같은 뜻인 '퍼포먼스performance'라고 부르는 게 놀라운 일도 아니다. 공연장은 공연의 종류에 따라 구조가 다른데, 공연 규모에 따라 소극장과 대극장으로 구분하기도 하고, 무대와 관객석을 어떤 방식으로 배열했는가에 따라 구분하기도 한다. 유명한 그리스의 원형극장은 확성기가 없던 시절, 연극 공연을 최대한 많은 관중이 관람할 수 있게 한 효과적인 건축 방식이다. 무대를 중심으로 관객들이 둥그렇게 앉아야 최대한 많은 사람이 무대를 가까이 볼 수 있기 때문이다. 중세 이후 현대까지 가장 흔한 유형의 공연장을 꼽으라고 하면 영화관 타입과 오페라 극장 타입을 들 수 있는데, 이 둘은 구성 원리상 서로 극단적으로 다르다.

오페라 극장의 특징 중 가장 눈에 띄는 점은 일단 객석에 층이 많다는 것이다. 오페라는 대부분 확성 장치를 쓰지 않고 연기자의 육성으로 내용을 전하고 표정, 몸짓, 무용 등의 디테일이 관객에게 최대한 직접 전해져야 하는 공연 방식이다. 그러니 최대한 많은 관객을 수용하면서도 관객들이 무대에 가까이 앉게 할 방법을 찾았는데, 그 해결책이 관객석에 많은 층을 경사지게 두어 다소 위에서 내려다보더라도 최대한 무대가 가깝게 보이게 한 것이다. 실제로 관객이 무대에 가깝다고 느끼는 것만큼, 오페라 극장의 무대에 직접 서 보면 바로 코밑에서부터 머리 꼭대기까지 관객들의 눈이 바로 앞에 있는 것처럼 느껴진다. 반면 확성 장치와 영사 장치를 사용하는 영화관은 완만한 경사를 따라 객석이 배치된다. 경사도가 낮으니 필연적으로 객석과 무대의 거리는 뒤로 갈수록 멀어지게 마련인데, 무대 화면을 키우고 확성 장치를 키워 이런 단점을 해결했지만, 이 경사가 충분치 않으면 화면은커녕 앞사람의 뒤통수만 보다 나오게 되는 경우도 있다. 자막이 없는 영화를 주로 보는 미국 영화관과 달리 자막이 화면 아래에 나왔던 한국의 예전 영화관에서 앞사람 머리에 가린 자막을 읽지 못해 영화 내용을 이해하지 못한 관객이 실제로 많았다.

이렇게 두 극장의 형태가 다른 이유는 공연이 지향하는 목적이 다르기 때문이다. 오페라 극장은 사람이 직접 공연하기 때문에 무대와 객석의 '호흡'이 중요하다. 배우는 당연히 자신의 육성과 연기로 관객과 커뮤니케이션을 시도한다. 그리고 맞은편에 있는 관객들도 배우의 움직임에 따라 **눈을 움직이고**, 대사에 **귀 기울이고, 박수 치고, 환호하는** 등의 반응으로 배우가 건넨 소통에 반응하고 동참한다. 그러므로 상호 간 커뮤니케이션은 쌍방향이면서 서로 적극적이다. 몇 해 전 큰 인기를 끌었던 <나는 가수다>라는 TV 프로그램에서 가수들이 그렇게 열창을 하게 된 이유도 소통하려 '작정하고' 자리 잡은 관중을 마주해서였다. 관객이 자신과 함께 호흡하고 있다고 느끼는 배우나 가수는 없는 실력마저 발휘하게 된다. 이런 현상은 오페라뿐 아니라 사람이 직접 대사와 연기를 수행하는 연극 같은 무대도 비슷하게 나타난다. 이 상호 호흡 때문에 오페라나 연극 극장의 규모는 어느 정도 크기를 넘지 않는다. 또 하나 흥미로운 디테일은 오페라 극장이나 연극 극장에는 넓고 푹신한 소파 같은 의자가 없다는 것이다. 폭이 좁고, 딱딱한 쿠션이면 다행이고 어떤 경우에는 학교 의자 같은 나무 의자인 경우도 있다. 푹신푹신한 쿠션은 적극적인 소통에 도움이 되지 않는다. 때문에 집중을 요하는 강의실이나 교실의 의자는 딱딱하고 불편하며, 적극적인 소통을 해야 하는 회의실에도 소파를 쓰지 않는다.

반면 영화관은 무대인 대형 스크린에서 객석으로 일방적인 정보를 전달하는 방식의 극장이다. 평면인 무대는 크면 클수록 좋고, 객석에서는 팝콘을 먹으며 스크린이 전해 주는 고화질 영상 정보와 고성능의 스테레오 음향을 단지 **받아들이기만** 하면 된다. 관객은 편하지만 역설적으로 지극히 수동적인 위치에 놓이는 것이다. 특별히 노력하지 않아도 정보가 쉽게 전달되므로

△ 서울 세종문화회관 대극장

▽ 파리 가르니에 오페라하우스

관객은 굳이 배우의 입 모양이나 몸짓에 신경을 곤두세울 필요가 없다. 또한 간접적인 영상 재생 정보라서 열연하는 배우에게 박수로 호응할 필요도 없다.

무대를 바라보는 관객의 자세를 옆에서 관찰해 보면 흥미로운 차이점이 있는데, 오페라 극장에서는 불편하고 좁은 의자임에도 불구하고 관객들은 마치 학원에서 유명 강사의 강의를 듣는 학생처럼 고개를 들고 허리를 꼿꼿이 세우고 집중한 자세다. 반면 영화관에서는 집 소파에서처럼 대부분 다리를 꼬거나 반쯤 누운 자세고, 영화 내용이 자신의 취향이 아닌 경우 상당수는 졸기도 한다. 실제로 외국의 오페라 극장에서 오래 활동했던 한국계 뮤지컬 가수가 처음 고국의 세종문화회관 대극장에서 공연할 때 마치 관객석에 아무도 없는 느낌을 받았다고 한다. 층도 3개 층이나 되고 규모도 3천 석이 넘는 대규모 극장인데도 그 무대에서 공연하는 배우들의 반응은 대부분 비슷하다. "허공에 대고 말하는 듯 허합니다!" 해외 유명 가수의 방한 콘서트마다 떼창으로 화제가 된 한국의 관객이 왜 그렇게 반응을 주저했을까? 세종문화회관 대극장은 영화관의 구조에 더 가깝다.

국회 의사당

잠깐 다음의 숫자에 주목해 보자. 독일 181, 영국 177, 미국 176.3, 프랑스 175.6, 한국 173.5 이 국가별 지수는 복잡한 경제 지표나 행복 지수를 나타내는 숫자가 아니다. 2020년 국가별 남성 평균 신장[2]이다. 1980년대 초 170센티가 안 되던 한국 남성의 평균 신장이 그사이 눈에 띄게 증가했으니 경제적인 성장과 그로 인한 식생활 변화는 나름 과실을 맺은 셈이다.

해방 후, 지금은 사라진 중앙청을 개조해 사용했던 국회는 6·25 전쟁 후 부민관(현 서울시의회 본관)에 잠시 자리 잡았다가 이승만 정권 말기 남산에 신축하기로 결정하고, 설계와 기초 공사까지 마쳤으나 결국 군사 정변으로 무산된다. 우여곡절 끝에 당시 허허벌판이던 사대문 밖 여의도에 건립하기로 하는데, 설계가 끝난 건물에 '서양 건축물처럼' 돔을 올려 달라는 당시 국회의원들의 요구로 시공 도중 원래 계획에 없던 돔이 얹어져 1975년에 개관한다. 당시 설계에 참여했던 건축가 중 자신이 이 건물에 관여했다는 사실을 떳떳이 밝히는 사람이 아직도 없을 정도니 그리 자랑스러운 건물이 아닌 것은 확실해 보인다. 외관에 대한 고민 못지않게 당시 설계 과정 중 회의장의 규모를 어느 정도로 할 것인가로 당국과 전문가들은 고민에 빠졌다. 많은 검토 끝에 남북통일이나 개헌 등으로 의원 수가 늘어날 것을 고려하여 600석 기준으로 설계되어 지어졌지만, 현재까지 300석만 사용되고 있다.

당시 국회의원들이 그렇게 염원했던 '돔이 있는' 서양 건축물을 국회로 사용하는 다른 나라로 잠시 눈을 돌려 보자. 한국의 국회가 지어지던 시절, 한국인보다 평균 키가 10센티 이상 더 컸던 유럽인과 미국인들의 의사당은 대부분 오래된 건물을 그대로 사용하고 있었기 때문에 훨씬 좁은 회의장을 사용하고 있었다. 또한 마이크 같은 음향 시설이 생기기 훨씬 이전에 만들어진 구식 건물이라 의원들은 서로 어깨를 맞댈 정도로 최대한 밀접하게 앉아야 했다. 영국의 국회 의사당Houses of Parliament이나 프랑스의 국회 의사당Assemblée nationale의 회의장을 직접 방문해 보면 기껏해야 세미나실이나 중소 도시의 조그만 교회당 정도밖에 안 되는 좁은 면적에 놀라게 된다. 처음부터 마이크 사용을 고려해서 크게 지었던 서울의 국회 의사당 대회의실 1인당 면적은 3.16제곱미터고, 그렇지 않았던 파리의 국회 의사당은 0.94제곱미터•다. 한국인이 프랑스인보다 세 배 이상 넓은 공간을 쓰고 있다는 의미다.

• 한국 국회 의사당(의원 수 300명)의 대회의장 면적은 950㎡, 프랑스 하원(의원 수 577명) 대회의장 면적은 545㎡이다.

단상과 객석의 배치 형식은 우리와 더욱 다른데, 영국의 경우 가운데 식탁 같은 테이블을 두고 상대가 바로 앞에 보이도록 서로 마주 보는 구조이며, 프랑스는 급한 경사의 원형극장 형식으로 객석과 단상을 근거리로 유지하고 있다. 실제로 그 나라의 언어를 모르는 외국인이 국회 토론이 벌어지는 모습을 현장에서 보면 새들의 군무처럼 하나의 집단 무용을 보는 듯한데, 발언권을 얻어 일어선 발표자의 육성을 듣기 위해 좁고 딱딱한 좌석에 앉아 집중하고 있는 의원들도 함성과 야유, 박수, 손짓과 표정 등 가능한 모든 수단을 동원해서 자신의 의견을 표출함으로써 토론에 참여한다. 고막을 찢을 듯한 야유도 상대방이 다음 발언을 계속하려 하면 거짓말처럼 금방 잦아드는데, 그 정도 예의를 지키지 않으면 자신이 발표할 때 상대방도 똑같이 할 것이기 때문이다. 종종 토론이 과열돼 말싸움이 되고 고성이 오가다 아수라장이 되는 경우도 생기지만, 신기하게도 의장이 의사봉을 치는 순간 장내는 바로 진정된다. 서로 밀집해 있으니 흥분하면 주먹다짐이라도 할듯한데, 비록 가시 돋친 말들이 오가지만 마치 무언의 거대한 규칙이 작동하는 것처럼 토론 분위기는 진중하고 예의를 지킨다. 사실 그들이 원래부터 이렇게 신사적이었는가 하면 전혀 그렇지 않았다. 실제로 옛날 영국의 의원들은 기사 출신이 많아 의견 충돌이 나면 칼부림까지 했다고 한다. 그러자 중간에 선(소드 라인, sword line)을 그어 어떤 싸움이 나더라도 그 선은 넘지 않기로 서로 합의한 것이다. '정해진 선을 넘지 마라'라는 말이 여기서 나왔다. 좁은 공간에서 서로 부대끼고, 상처 주고, 상처받는 피곤한 시간을 보내면서 서로 다른 방법을 찾아야 한다는 공감대가 예절과 전통이라는 이름으로 그들의 토론 문화에 남았다. 그러고 보면 실험실의 쥐마저 좁은 공간에서 공생할 수 있는 방법은 폭력이 아니라 대화라는 것을 깨우칠 정도였으니 정말 불가능한 일은 아닌 셈이었다.

그에 비해 한국의 국회의원은 전혀 다른 분위기의 의사당에 앉아 있다. 영화관에서 흔히 볼 수 있는 넓고 푹신한 소파식 의자는 등과 목을 등받이에 기대기 좋고, 팔걸이에 팔을 걸치고 다리를 꼬아도 불편함이 없을 뿐 아니라 오히려 편한 자세가 되도록 부추긴다. 몸을 한껏 기울여야 옆 사람과 대화할 수 있을 정도로 서로 멀리 떨어져 있으니 주변의 의원과 쉽게 귓속말을 나누기도 힘들다. 공간이 넓은 데다 경사도가 낮은 객석이라 앞 의원의 뒤통수에 반쯤 가려 안 그래도 먼 단상이 잘 보이지 않는다. 영사기가 꺼진 채 음향만 나오는 영화관 같은 분위기다. 마이크 시설 때문에 소리는 들려오지만, 저 멀리 단상에 선 발언자에게 반론을 전해야 할 경우엔 일어서서 고함이라도 치지 않으면 의사를 전달할 방법이 없다. 단상에서는 말하는 사람이 있는데도 자기 자리에서 묵묵히 앞의 모니터에 눈길을 준 '관객'은, 노래방에서 자기 차례의 노래를 고르

△ 영국 하원 의사당

▽ 한국 국회 의사당

느라 남의 노래에는 관심도 없는 우리의 모습과 그리 달라 보이지 않는다. 자신의 자리에서 특별히 할 게 없으니 소통을 포기하고 자신만의 세계로 빠지기도 한다. 스마트폰으로 인터넷 검색이나 하고 있는 국회의원에게 태만하고 불성실하다고 욕하는 사람은 많아도, 그들이 그 공간에 같이 있는 주변 사람으로부터 고립되어 버렸다는 사실을 인지하는 사람은 적다. 그들은 **공간에 속박당한 것이다.** 이런 상황에서는 과장하거나 포기하는 것 같은 극단적인 행동 패턴이 일어나기 쉽다. 전자는 고함치거나 퇴장하는 것이고, 후자는 졸거나 결석하는 것이다. 고함은 대화가 불가능할 때 사용하는, 대화를 포기한 혹은 대화를 갈망하는 최후의 소통법이다.

물론 단상과 객석의 공간적 관계가 회의장 내 소통의 원활도를 좌우하는 유일한 요소는 아니다. 기본적으로 유교 문화권인 한국의 서열 문화가 서구에 비해 사회적 집단 토론에 다소 서툰 면이 있다는 점은 논외로 치더라도, 여기서 눈여겨볼 공간 요소 중 특히 흥미로운 것은 많은 서구의 의사당이 회의장 전체를 '무대화'했다는 사실이다. 단상뿐 아니라 그것을 향하고 있는 객석까지 묶어서 한꺼번에 바라볼 수 있는 관람석을 회의장 후면에 배치함으로써 객석에 앉아 있는 의원도 마치 자신을 바라보는 관객을 마주한 무대 위에 있는 것 같은 상황에 처하게 한 것이다. 실제로 프랑스 국회 의사당의 후면 관

프랑스 국회 의사당

람석은 유명 오페라 극장의 객석처럼 높고 화려한데, 등 뒤를 둘러싸고 자신을 바라보는 시민의 시선이 분명하게 의식되는 구조라 회의의 긴장감과 집중도를 높이는 중요한 역할을 한다. 무대 위에 올라서 졸거나 한눈팔 정도로 정신 나간 사람이 얼마나 있겠는가. 그에 비해 주로 언론사 사진 기자들이 독차지한 한국 국회 의사당의 일반 관람석은 그 존재감이 미미하다 못해 아래쪽에 있는 국회의원이 그 존재를 의식하기 힘들 정도다. 수업 내용이 흥미 없고 지켜보는 눈도 없는 경우 학생이 졸거나 결석한다고 비난해 봐야 공허할 뿐이다.

"우리는 건물을 만들고 그 건물은 우리를 만든다We shape our buildings and they shape us"는 윈스턴 처칠의 유명한 지적이 이처럼 들어맞는 예도 드문 셈이다.

3장

왜 조상님을
산에 모실까

"빈부귀천과 상관없이 모든 사람은 태어나 성장하고 살아가며 마침내 죽음에 이르는 과정을 거친다. 생존과 성장을 거쳐 발전하는 과정에서 살아남은 사람들은 죽음을 경외하며 무덤을 만들고 의례를 치렀다. 죽음은 신성한 것이면서도 혐오스러운 이중적 절대 가치를 지니고 있기에 죽음을 다루기 위한 하나의 방편으로 신앙이 태동하는 계기가 되기도 했다.

장례는 시신을 처리하는 동시에 죽음을 이해하기 위한 공동체의 종교적 활동으로 이해함이 옳다. 죽음으로 인한 슬픔과 두려움을 달래 주고 갑작스레 닥친 충격으로부터 평온한 일상을 회복시켜 주며 공동체의 통합과 유지라는 사회적인 기능을 수행하는 목적이자 수단으로 활용되고 있는 인간들의 집단 행위라 할 것이다."[3]

장례가 가진 이중적 속성을 한 책은 이토록 담담하게 서술했다.

장례 지도사

21세기에는 거의 사라져 그 의미를 모르는 사람이 많지만, 1970년대까지도 한국의 출산 문화에는 중요한 역할을 하는 사람이 있었다. 산모가 아이를 낳을 때 순산할 수 있도록 곁에서 도와주고, 출산 후 탯줄을 자르는 등 해산의 전 과정을 돕는 사람을 가리키는 '산파'다. 전통적으로 산파는 가족 구성원 가운데 출산 경험이 있는 여성이 주로 맡는데, 가족 중에서 산파를 구할 수 없을 때는 친척이나 마을에서 다산 경험자를 모셨다. 그리고 이러저러한 사정으로 산파역을 맡을 사람이 없을 경우는 무녀나 무당이 산파를 맡기도 했다. 물론 오늘날에는 서구 의학 기술의 유입과 발달로, 산파 대신 전문적인 지식과 경험을 가진 의료인들이 그 역할을 맡게 되었다.

옛날보다 약해지긴 했지만, 여전히 당사자뿐 아니라 한 가족에게 가장 중요한 순간인 결혼식에도 비슷한 역할을 한 사람이 있다. 주례主禮 혹은 집례執禮라고 불리는, 혼인식에서 예식을 맡아 관장하여 진행하는 사람이다. 서양식 결혼식이 자리 잡은 요즘에는 식 진행자나 결혼 당사자의 후견인 정도로 역할이 많이 줄었지만, 전통 혼례에서 주례의 역할은 절대적이었다. 길고 복잡한 예식을 능숙하게 진행해야 할 뿐 아니라, 참석자들에게 한자 위주의 어려운 용어들을 쉬운 말로 알려 줘야 했기 때문에 한문에 소양이 있고 동네의 존경을 얻는 소수의 이들만이 수행할 수 있었다. 요즘은 성직자나 결혼 당사자의 은사 같은 사람이 주로 행하지만, 인맥이 닿는 한도 내에서 최대한 지위가 높은 사람을 섭외하는 경향은 여전하다.

출산과 결혼만큼이나 모든 가족 구성원을 한자리에 모이게 할 정도로, 한 가족의 인생에 파장이 큰 순간은 장례다. 미리 준비한 경우도 드물게 있긴 하나 대부분 급작스럽게 맞닥뜨리기 때문에 슬픔에 빠져 경황이 없는 가족을 안내해 주고, 필요한 구매와 예약을 대행해 주는 장의사에게 의존하는 경우가 대부분이다. 2012년부터 총 3백 시간 이상의 교육을 수료해야 하는 국가 자격증이 신설되면서 현재는 전문성을 갖춘 '장례 지도사'라고 부른다. 초종初終, 염습殮襲, 성복成服, 조상弔喪, 문상問喪, 치장治葬, 발인發靷, 급묘及墓, 우제虞祭, 졸곡卒哭, 소상小祥, 대상大祥 등의 용어를 평소에 알고 사용하는 사람이 얼마나 있을까. 급작스러운 상을 당한 상주와 가족들은 뜻조차 제대로 알 수 없는 용어와 절차로 가득한 미지의 시·공간에 들어온 것처럼, 장례식장에선 현실에서의 감각을 잠깐 접어 두고 장례 지도사의 안내에 수동적으로 따르게 된다.

지극히 개인적인 일이기도 한 출산, 혼인, 장례의 공통점은 일생을 통해서 누구나 경험하지만 횟수는 한두 번 정도로 드문 데다 절차도 복잡하고 익숙하지 않아서 반드시 누군가의 도움이나 비용이 드는 서비스를 필요로 한다는 점이다. 산파가 산부인과로 대체되고, 주례가 웨딩플래너로 변화하고, 장의사가 장례 지도사로 현대화되어도 바뀌지 않는 것은 개인의 중요한 인생의 순간들에는 반드시 공동체에 기대게 된다는 것이다. 그 공동체의 역할이 어떤 문화에서는 종교의 모습으로, 어떤 곳에서는 민간 상업의 형태로, 어떤 곳에서는 국가 시스템의 일환으로 수행된다는 것만 다르다.

추모와 두려움

필연적으로 가족이나 가까운 이의 죽음은 살아남은 사람에게 슬픔과 상처를 남긴다. 죽은 사람을 떠나보내고 남은 사람이 이별의 슬픔을 소화하도록 모든 문화권은 심리적 완충 역할로써 장례 문화를 발전시켰고, 많은 부분 해당 종교의 사후 세계관에 따라 시신 처리 방식을 달리했다. 세계에서 가장 큰 종교인 기독교와 이슬람교 문화권에서는 부활에 대한 믿음 때문에 육신의 보전을 중시했고 따라서 자연 매장을 선호했다. 환생과 윤회를 내재화한 불교나 힌두교권 국가에서는 화장하는 게 망자를 위한 것이라 믿었다. 풍장이나 수장을 선택한 문화권도 있다. 불교 국가였던 신라와 고려 시대에는 종교적인 이유로 화장을 했지만, 조선 이후 한국은 유교의 영향으로 자연 매장 문화를 취해 왔다. 불교와 기독교가 공존하는 현대에는 전통이나 종교적 영향보다는 핵가족화로 인한 장례 간소화의 필요, 분묘지 포화로 인한 가용지 부족 등에 국민적 공감대가 생기고 정부도 강력하게 개입하면서 1990년대 후반 20퍼센트가 안 되던 화장률이 2020년 90퍼센트 가까이에 이를 정도로 급격하게 변화하게 된다.

이른바 '국토의 효율적 사용'을 달성한 이런 혁명적 변화에도 바뀌지 않는 것이 하나 있는데, 예나 지금이나 사람들은 묘지나 장례 시설을 '혐오 시설'이라 부르는 데 주저하지 않고 될 수 있으면 회피하려 한다는 것이다. 그래서 대부분 도심이나 주거지와 되도록 멀리 떨어진 산속에 위치한다. 1963년 서울 망우동 공동묘지가 포화 상태에 이르고 홍제동 화장터가 한계에 다다르자 새 부지를 찾아야 했는데, 후보지 인근 주민들의 격렬한 반대에 막혀 당시에는 인적이 드문 오지였던 (그러니 반대도 가장 적었던) 경기도 고양시 벽제동이 선정됐고, 그 덕에 수십 년 동안 서울 시민은 장례와 명절이면 수십 킬로 밖에 떨어진 벽제로 가야 했다. 1990년대 들어 지자체가 된 고양시의 반발이 거세지고, 명절이면 국도에서 몇 시간씩 지체하는 시민의 불편이 가중되자 서울 시내에 신규 화장 시설을 설치하기 위해 장지동, 고덕동, 오곡동 등 13개 후보지를 실사한 결과 서초구 원지동에 부지를 선정했다. 그런데 지역 주민의 건립 반대 소송으로 수년간의 법정 분쟁을 겪었고, 겨우 납골당 없는 화장 시설만 갖출 수 있었다.

추모의 공간이 혐오의 공간이 되어 버린 이유는 쉽게 추측할 수 있다. 장례뿐 아니라 시신의 처리(화장과 납골)를 대행해 주었던 고려 시대 불교에 비해, 조상을 숭배하고 신체에 훼손을 금지한 조선 시대 유교의 영향으로 국가는 공공적인 개입을 하지 않은 채 시신의 처리를 개인과 가족의 영역으로 국한시켰고, 자손들은 조상의 시신을 매장할 곳을 직접 물색해야 했다.* 유교의 규칙에 따라 혼을 모시는 위패는 몇 년간 집에 보관하면서도, 개인 (또는 가족) 소유의 선산에 가족묘를 쓸 수 있는 형편이 안 되는 대부분의 사람은, 육신은 멀리 야산에 매장하고 명절에 한 번 방문하는 것으로 책임을 다했다고 여기게 된다. 수백 년 지속돼 온 공공의 무관심과 개인의 임의적 매장은 지금까지도 800만 기의 무연고 묘가 전국의 야산을 채우는 결과로 남게 된다.

자연 매장은 시신을 일단 매장하면 그 땅이 영구히 묘지로 굳어질 뿐 아니라 면적도 많이 필요하기 때문에 도심지에서 멀리 떨어진 야산 같은 곳에서 이루어진다. 평소에 일부러 오기 힘든 외딴곳이니 사람들의 발길도 뜸해지고, 자연히 유지나 관리도 소홀해진다. 임의로 조성한 공동묘지의 경우 좁은 부지에 최대한 효과적으로 매장하기 위해 기존 수목을 없애고 줄지어 빼곡히 매장하는 방식이므로 산은 민둥산이 되고 무덤만 가득한 곳이 된다. 분위기가 스산해지기에 공포심이 생겨 오래 머물고 싶은 생각이 들지 않는 것이 당연할 정도다. 조상님의 묘는 '산소'지만, 모르는 남의 묘는 그냥 '무덤'일 뿐이다. 수천 구의 시체가 묻힌 무덤에 둘러싸인 두려움이 내 가족에 대한 추모의 마음을 압도하는 것이다. 국가가 개입하고 지자체가 조성한 최근의 공동묘지에서도 외딴 위치와 삭막한 분위

• 조선 시대에 국가가 조성하고 관리한 공동묘지에 대한 기록은 없다. 다만 예조禮曹에서 왕가의 능만 관리했을 뿐이다.

공동묘지

기 때문에 좀처럼 두려움은 떨쳐지지 않는다.

21세기 들어 표준으로 자리한 화장장에서도 비슷한 감정을 느끼게 된다. 공동묘지처럼 대부분 산골 오지에 들어선 무표정한 석조 건물에, 영구차에서 내려져 컨베이어 벨트처럼 줄지어 들어오는 관들, 대체로 시간마다 여러 구의 화장이 동시에 이루어지므로 다른 유족들과 서로의 관을 앞에 두고 함께 대기하는 기묘한 순간, 화로로 향하는 관을 향해 쏟아 내는 유족들의 울음과 절규, 대기실로 옮겨 모니터의 진행 상황만 멍하니 쳐다보는 무심한 시간······. 추모와 애도와는 분명 거리가 먼, 고통과 두려움으로 가득한 시간들이 끝나고 유골을 받아 들면 어서 그곳에서 벗어나고 싶은 마음에 사로잡힌다. 시립으로 운영하는 대규모 납골당에 가 보면 공동묘지의 아득한 기억은 여전히 계속된다. 내 가족의 납골함에 이르기까지 수천의 납골함을 지나야 하기에 가족을 마주하기 전에 이미 몸과 마음이 굳어 버린다. 토지의 효율적 사용, 장례의 편의성, 효과적인 수용 같은 경제적인 논리가 가득하지만, 그 장례 시설 공간을 방문한 살아 있는 사람은 이 과정에서 단 한 번도 대접받지 못한다.

타인의 죽음을 목격한 고통스러운 경험은 필연적으로 그 상황에서 회피하고자 하는 공포심으로 내면화되지 않으면 이상할 만큼 힘든 일이다. 한국에서 유난히 자주 목격되는 이른바 사이비 종교는 이 죽음에 대한 사람들의 공포심을 그 성장의 자양분으로 삼은 경우가 많다. 또한 십여 년 전부터 유행처럼 번지고 있는 '상조 서비스' 열풍은 한 번도 품격 있는 타인의 죽음을 목격한 적 없었던 사람들의 아픈 구석을 파고든 세칭 '블루오션'이기도 하다. 돈이 들더라도 자신의 죽음만은 지금까지 보아 온 다른 이의 죽음과는 조금 달랐으면 하는 심리를 파고든 특이한 한국적 상황이다. 이렇게 오랫동안 죽음을 둘러싼 염려와 공포심에 사로잡혀 살다 보니 부모님이나 가족의 마지막 육신을 모셔 놓고 매년 성묘를 가야 하면서도 평소에는 자기 눈에 보이지 않게 최대한 멀리 떨어져 있는 게 좋다는 이 아이러니는 일견 당연해 보일 정도다. 운동선수들이 담력 훈련을 위해 야간에 공동묘지에 다녀온다거나 TV에서 여름 납량 특집에 등장하는 공포물에는 항상 묘지와 귀신이 단골로 나온다는 사실은 한국인이 묘지와 죽음에 대해 가지고 있는 감정이 무엇인지 잘 보여 준다. 장사 시설에 대한 대중의 오래된 편견과 두려움을 누그러트리기 위해 공동묘지를 추모 공원으로, 화장장을 승화원으로, 납골당을 추모의 집으로 이름을 바꿔 인식의 변화를 유도하고 있다. 그러나 변치 않는 것은, 그들은 여전히 도시와 동떨어진 산속에 자리 잡고 있다는 것이다. 대를 이어 온 두려움의 역사는 오늘도 계속되고 있다.

납골당(추모 공원)

가족의 집

건축가로 교육받고 수십 년 활동해 오면서 여러 나라의 사람을 만났고 다양한 종류의 건물을 설계해 왔지만, 내가 딱 한 번 설계 의뢰에 수락 여부의 답을 하지 못한 적이 있다. 파리에서 부동산업으로 성공한 70대 중반의 프랑스 신사가 한 의뢰였는데, 이런저런 인연이 되어 몇 개의 건물을 설계해 주고 공통 관심사도 많아 가끔 식사도 같이하던 고객이었다. 어느 날 둘이 저녁을 먹으면서 가족 문제 같은 일상적인 이야기를 하던 중에, 뜬금없이 "건축가님, 나의 묘지를 설계해 줄 수 있겠습니까?"라는, 전혀 상상하지 못한 의뢰를 받았다. 당시 프랑스의 묘지 문화에 문외한이던 나는 "아이고, 더 오래 건강히 사실 생각하셔야지 무슨 죽음을 생각하십니까……."라고 말을 흐리며 답을 회피하고 말았다(분명 나에게도 한국의 유교적 습성이 남아 있었기 때문이리라). 그리고 흐지부지 그날 저녁도 그렇게 끝났다. 그 의뢰가 너무 생소하기도 했고 건축가가 그런 일도 하는지 궁금증에 방대한 뒷조사를 했다. 그 과정에서 그때 묘지를 설계해 달라는 의뢰가 어떤 의미인지 점차 깨닫게 되면서 삶과 죽음을 구분하고 살았던 (더 정확히 이야기하면 죽음의 세계를 애써 회피했던) 그간의 상식이 적잖이 무너져 내리는 경험을 하게 됐다.

청교도 문화와 광활한 국토의 미국처럼, 비교적 밀집되어 살

앗지만 유럽 역시 기독교의 영향으로 자연 매장을 선호해 왔다. 그중에서도 특히 전통적 가톨릭 국가였던 프랑스는 지금도 자국민 화장률이 1퍼센트가 되지 않을 정도로 자연 매장 문화를 오랫동안 유지하고 있다. 프랑스혁명 전까지 왕이나 귀족, 성직자 같은 권력자들은 성당 지하에 안치됐고, 일반인들은 성당이나 종교 시설 주변에 매장됐다. 시간이 지나면서 매장된 시신들로 위생 문제가 불거지고 무엇보다도 묘지로 쓸 수 있는 면적이 자꾸 줄어들자 18세기 말 나폴레옹은 묘지 대개혁을 단행한다. 그동안 파리 안에 산재돼 있던 모든 묘지를 정리하여 원래 석회석을 채석하던 지하 동굴에 집단 안치한 것이다. 모든 시민은 인종이나 종교와 관계없이 묻힐 권리가 있다면서 서민, 귀족 상관없이 모든 유골을 대상으로 한 이장에 대한 사회적 합의를 이끌어 낸 '까따꼼브(카타콤)catacomb'다. 기존 묘지를 정리한 후 왕립 건축가인 브롱냐르Brongniart에게 새로운 공동묘지의 설계를 맡겼고, 1804년 세계 최초의 정원식 공동묘지 페르라세즈Père Lachaise•가 그의 손에서 탄생한다. 이 계획에 당시 모두를 놀라케 했던 세 가지 원칙이 발표되는데 ① 자연 수림을 연상케 하는 자연 공원식 조경, ② 개인 묘가 아닌 가족끼리 집단으로 매장되는 가족 합장묘, ③ 임대 기간을 정한 시한부 묘지 제도였다.

• 페르라세즈는 '라 세즈 신부'라는 의미로, 17세기 루이 14세의 고해 신부 프랑수아 덱스 드 라 세즈François d'Aix de La Chaise의 이름을 따왔다. .

도심 한중간에 잘 가꾸어진 녹지 공원 방식으로 조성하면서 공동묘지 특유의 삭막하고 우울한 분위기가 줄어들자, 기존 거주지에 공원묘지를 설치하는 것을 주민들이 쉽게 받아들이기 시작했다. 또한 자연 매장 전통을 존중하면서도 묘지의 전체 면적을 소규모 공원 정도로 유지하기 위해, 개별 묘지의 면적을 0.5평(약 1.6제곱미터) 정도로 한정하고 대신 2.5미터 정도로 깊게 파서 차례차례 관을 쌓았다. 가족끼리 한 공간에 수용되다 보니 관 위에 관을 올리는 행위에 심리적 거부감도 덜했고, 일종의 지하 아파트처럼 가족의 '또 다른 집'으로 인식되는 효과까지 낳았다. 이 같은 가족 합장묘로 적은 면적에 다수의 매장이 가능해졌지만, 파리 시내에 설치된 묘지의 면적을 늘리지 않기 위해 무덤의 재활용을 가능케 한 시한부 묘지 제도를 도입했다. 1960년부터 프랑스 전역 공동묘지에서 시행되고 있는 이 제도는 가족묘가 없거나 가족묘에 안장될 의사가 없는 시민이 사망하면 시에서 10~20년의 임대 기간 동안 묘지로 쓸 땅을 무상 부여한다. 무료 임대 기간이 끝나면 유료로 50년까지 임대를 연장할 수 있는데, 유족이 고인을 추모하고 실제로 관리할 수 있는 기간이 사실상 한두 세대라는 걸 고려한 것이다. 임대 기간이 종료되면 유골은 이장해 별도의 공동 유골장에 안치시키고, 유골을 매장했던 무덤은 2년의 휴식기를 거쳐 타인에게 재분양하는 식이다.

자연 공원식이고, 소규모고, 재활용 가능한 공동묘지는 이렇게 기존 공동묘지의 단점을 완벽하게 보완하고 도심지 곳곳에 쉽게 뿌리내렸으며, 서울보다 여섯 배 작은 파리시에 20개의 공동묘지가 설치되었다.* 지금도 파리에는 건물 창밖으로 묘지가 보이는 것이 흔한 일이고, 아예 묘지(이들에게는 공원)를 둘러싸고 건물이 지어지는 경우도 심심치 않게 볼 수 있다.

과거에는 한국처럼 시외의 먼 야산에 주로 조성됐던 묘지가 근대에 들어 도시 안으로 들어오자 놀라운 일이 벌어진다. 집 근처다 보니 기일이나 생일 같은 특별한 날뿐 아니라 매일 들르는 사람이 많아지고, 올 때마다 꽃이나 화분, 인형 같은 것을 놓아두고 자발적으로 묘소 주변 관리까지 하는 시민이 늘어났다. 그러자 묘지 특유의 우울하고 칙칙한 분위기는커녕 화원에 온 마냥 밝고 기분 좋은 공간으로 바뀌기 시작했다. 시 또한 다수의 관리인과 자원봉사자를 두어 가족들이 두고 간 오래된 꽃을 치우고 정원수를 가꾸는 등 이런 변화를 촉진시켰다. 그 덕에 지금도 페르라세즈에는 팔짱 끼고 데이트 즐기는 연인들이나 유모차를 끌고 산책 나온 가족들을 자주 볼 수 있다.

---

* 파리시는 20개의 구로 이루어져 있고, 각 구마다 한 개 이상의 공동묘지가 있다. 구 하나의 크기는 서울의 동 크기 정도다.

파리 18구 생뱅상 Saint-Vincent 공동묘지

이런 묘지 환경의 변화는 당연히 장례 분위기에 영향을 끼친다. 숙연하지만 슬프지만은 않은 따뜻한 분위기의 장례식에선 먼저 떠나는 가족에게 밝게 웃으며 마지막 인사를 하는 광경을 흔히 볼 수 있다. 눈물과 웃음이 함께 터지는 이들의 장례식에 직접 참석해 보면 이들은 죽음을 한국인과는 분명 다르게 받아들인다는 것을 알 수 있다. 이 세상과 고립된 외딴곳에서 이루어지는 영원한 이별이 아니라, 내일이라도 들르기만 한다면 집 가까이서 **다시 만날 수 있을 테니** 말이다. 도시 속에 뿌리내린 공원묘지는 시민들의 죽음에 대한 태도마저 다르게 만들었다. 매일 마주하는 두려움은 더 이상 두려움이 아니다. 두려움은 보이지 않을 때 지속된다.

가까운 거리와 밝은 공간 분위기라는 특징 외에 파리의 공동묘지를 특별하게 만드는 요소는 따로 있다. 묘지 전체 규모를 적정하게 유지하기 위해 신분 구분 없이 동일하게 좁은 면적만 사용하게 했지만, 가족묘의 경우 가족의 유훈이나 전통을 기릴 수 있도록 묘 상부에 소규모 건축을 허가했다. 주로 미니 교회당이나 비석 같은 기념물을 설치할 수 있게 했는데, 바로 이 점이 공동묘지가 녹지 공원을 넘어 예술 공원이 되는 길을 열었다고 평가받는 숨겨진 비밀이다. 장례 건축 미학architecture funéraire이라 불리는 이 특별한 개념은 다양한 양식과 형태의 건물로 가득한 도심지처럼 묘지도 다양하고 활력 넘치는 '살아

△ 파리 인근 앙토니Antony 공동묘지

▽ 파리 페르라셰즈의 가족묘

있는 도시의 축소판'처럼 보이게 한다. 묘지에 설치될 예술품이나 미니어처 건축물은 가족이 가장 신뢰하는 조각가와 건축가에게 맡기는 경우가 대부분이고, 내가 무언지 모르고 받았던 그 설계 의뢰는 앞으로 자신의 가족이 영원히 머물게 될 그 고객의 마지막 집에 대한 것이었다. 그가 떠나면 살아 있는 가족과 자손은 죽은 자의 무덤이 아닌, 가족의 집에 들르게 될 것이다. 그들에게 묘지는 죽은 자들이 아닌 **살아 있는 자들을 위한** 도시의 일부다.

4장

소파는
왜 등받이가 됐을까

오랜만에 친한 친구들이 집에 놀러 왔다. 식탁에서 시작된 식사는 소파로 옮겨 가 술자리로 바뀐다. 분명히 소파에 앉아 있었던 사람들은 취기가 오르고 이야기꽃이 피자 모두 하나같이 비슷한 자세로 바뀌어 갔다. 편하게 앉겠다고 '추리닝' 바지를 빌려 입고, 양말을 벗어 던지고, 땅바닥에 앉아 150도로 소파에 기대앉은 모습들. 그나마 유일하게 다른 자세가 하나 있었으니 비워진 소파 위에 편하게 누운, 술과의 전투에서 가장 먼저 낙오한 친구였다.

쐐기돌

불, 금속, 활자, 내연기관, 전기처럼 인류의 역사에서 그것을 발견했던 전과 후로 시대가 나뉘는 중요한 발견들이 있다. 돌을 쌓아 벽을 만드는 것은 유인원도 할 수 있는 쉬운 일이었지만, 그 돌벽은 '아치arch'라는 돌 쌓는 방법을 발견했을 때 비로소 건물 벽이 될 수 있었다. 겨우 한 사람 지나갈 정도의 좁은 구멍만 만들 수 있었던 돌벽에 마차가 지나갈 수 있는 큰 문을 설치할 수 있게 되자 돌이나 벽돌을 쌓아서 만드는 공법인 '조적식masonry'은 서구 건축 역사의 주인공이 된다. B.C. 4000년경 메소포타미아에서 시작한 것으로 추정되지만, 고대 로마인들이 도입하여 체계화했고 그 시대 건축은 새로운 도시 문명을 탄생시킨다. 큰 문과 창문도 만들 수 있게 되어 대규모 건물도 지을 수 있었고, 다리와 수로교처럼 큰 강도 건널 수 있었으며, 이 아치를 3차원적으로 응용한 돔dome으로 '판테온' 같은 기둥 없는 대규모 공간이 인류 최초로 탄생한다.

아치라는 구조법은 굄돌이나 벽돌을 개구부 상부에 곡선으로 쌓아 올리는 방식이다. 모든 부재*가 가운데로 기울어지며

---

* 구조물의 뼈대를 이루는 데 중요한 요소가 되는 여러 가지 재료

결국 서로 기대면서 안정화되는 원리다. 막대기처럼 가늘고 길쭉한 석재를 구할 수 없으니 이런 방법이 필요했다. 그 후 수천 년 동안 서양 건축에 일상적으로 쓰이게 되는데, 이 아치 구조에서 제일 중요한 부재가 있다. 쐐기돌 혹은 키스톤keystone이라 불리는 아치 상부 정중앙에 박혀 있는 돌이다. 이 돌이 중요한 이유는 양쪽에서 가운데로 쏟아지듯 기울어지는 부재들의 모든 무게를 혼자서 지탱해야 하기 때문이다. 그래서 다른 부분은 벽돌이나 석회석 같은 상대적으로 연성soft의 돌을 쓰더라도 이 쐐기돌만은 가장 단단한 돌을 써야 했다. 그렇지 않으면 좌우와 상부에서 쏟아지는 무게를 견디지 못할 거고, 만약에라도 이 쐐기돌에 금이라도 간다면 그간 만든 벽을 모두 허물고 처음부터 다시 쌓아야 했으니 그 중요성은 보이는 것 이상이었다. 그래서 아치의 다른 굄돌과는 다른 특별한 재료를 사용했고, 마지막에 놓는 중요한 부분이니 다양한 형태로 장식해 그 의미를 더했다. 수천 년 동안 창이나 문 같은 개구부는 아치로 만들어졌고, 그 아치의 상부에는 항상 쐐기돌이 눈에 띄는 부분에, 눈에 띄는 형태로 존재했으며 그것은 사람들의 인식 속에 남았다. 만약 쐐기돌을 다른 부재와 똑같이 만들어 구분되지 않게 하면 사람들은 뭔가 허전하다고 여길 정도가 된 것이다.

그런데 19세기 말에 콘크리트라는 재료가 나오자 더 이상 아치라는 방식을 쓰지 않고서도 넓은 개구부를 만들 수 있게 된

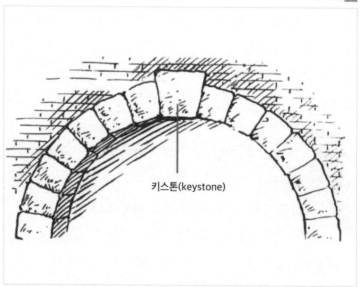

키스톤(keystone)

아치형 구조물과 키스톤(쐐기돌)

다. 수천 년 만에 건물을 짓는 재료와 방식이 바뀐 것이다. 게다가 20세기 들어 철골까지 건축에 사용되자 개구부는 더 넓어질 수 있었다. 인방보라는 얇은 선line 모양의 부재를 개구부 위에 올리는 것으로 그간 아치가 했던 모든 역할을 간단히 대신할 수 있게 된 것이다. 더 이상 쐐기돌이 불필요한 시대가 되었고, 그렇게 역사와 함께 사라질 줄 알았으나 예상치 못했던 일이 벌어진다. 이유는 몰라도 수천 년 동안 창문 위에 항상 보였던 쐐기돌이 새로 지어지는 건물에 더 이상 보이지 않게 되자 사람들이 당황하기 시작했다. 쐐기돌 없이 만든 사각형 창문이 뭔가 어색하고 아름답지 않을뿐더러 건축의 우아함이 사라졌다고 여긴 것이다. 이런 불평은 소비자 마음에 드는 집을 지어 비싸게 팔 방법을 궁리했던 개발업자에게는 무시하기 힘든 압력이었고, 건축가에게 창문 위에 쐐기돌 모양의 장식을 추가해 달라고 요구하게 된다. 아치형이 아니라 사각형 창문으로 바뀐 원래 이유는 아무래도 상관없었다. 사람들은 쐐기돌 장식을 더 아름답다고 생각했고 더 많은 돈을 지불했기 때문이다. 건설 방식과 건축 재료가 변하면서 쐐기돌의 존재 이유는 사라졌지만, 사람들의 인식에 일단 각인된 무의식과 기억은 '취향'이란 이름으로 아무런 이유 없이 지속됐다. 지금도 고풍스럽게 보이고 싶은 건물의 창문에는 이런 '쐐기돌 장식'이 흔하게 쓰이지만, 그런 장식이 왜 남게 되었는지에 대한 속사연에 관심 있는 사람은 거의 없다.

위 ◁ 파리 개선문 아치 쐐기돌 ▷ 주 출입구 쐐기돌 장식 (20세기 초 파리)

아래 ◁ 창문 개구부 쐐기돌 장식(20세기 초 파리) ▷ 창문 개구부 인방보 위 쐐기돌 장식(21세기 초 서울)

등잔 밑은 어둡다

한반도는 여름엔 남쪽에서 불어오는 해양풍에, 겨울엔 북쪽에서 불어오는 대륙풍에 주로 노출되는 지역이다. 그 사실은 천 년 전이나 오늘날이나 변함이 없다. 그래서 한국의 건축은 여름은 덥고 습한 바람에, 겨울에는 차고 건조한 바람에 적응해야 했다. 거기에 산지가 많은 지형이라 경사면과 골짜기에 따라 바람의 방향도 유동적이었고, 경사가 복잡하게 얽혀 있으니 물의 흐름도 일관적이지 않을뿐더러 지하수의 흐름에 따른 지반의 습도도 예측하기 어려웠다. 기후와 지리 조건이 워낙 복잡하고 난해했기에 자신이 집을 지을 땅의 지반이 단단한지, 습기는 없는지 알아보고자 하는 욕구가 강했고, 그런 필요성이 오랜 시간 동안 누적되어 정리된 것이 우리가 아는 풍수지리다. 음양오행설 같은 형이상학적 단어가 등장해서 요즘 세대에겐 무관심의 대상이 되는 신세가 됐지만, 땅의 위치와 주변 지형, 물의 흐름과 바람의 방향을 분석하여 땅의 건강한 정도를 측정한다는 측면에서 흘러간 옛날 이야기로 치부하기에는 오늘날에도 유효한 유산임은 분명하다.

'풍수'는 '바람을 막고 물을 얻는다'는 뜻인 장풍득수藏風得水를 줄인 말로, 생명을 불어넣는 땅의 기운을 살피는 것이라고 한다. 수많은 미사여구가 있으나 한국인이 이렇게 바람과 물에 유난한 주의를 기울인 이유는 의외로 단순하다. 전통적으로 지어 왔던 건물이 물에 약한 목조 건축물이었기 때문이다. 자연 목재는 침수되면 부식되거나 뒤틀리기 마련이고, 습기를 머금으면 곰팡이나 벌레가 끼기 십상이었다. 배수가 안 되거나 용출되는 지하수가 많아 땅이 습하거나, 햇볕 안 드는 골짜기 아랫자락에 위치해서 항상 물안개의 세례를 받는 땅을 음의 기운이 가득하다며 회피했던 이유다. 또한 나무 부재 사이의 빈틈을 막기 위해 사용했던 황토나 문풍지 또한 물과 습기에 약한 재료들이었다. 강수량이 많은 기후이니 비로부터 목재 집을 보호하기 위해 집보다 큰 기와지붕으로 덮은 후 집을 건조한 상태로 유지할 보완책을 찾아야 했고, 풍수지리가 찾아낸 해결책이 '바람'이었다. 자연통풍은 목재와 황토에 침투하는 습기를 증발시켜 주기 때문에, 매서운 북풍을 피하면서도 항상 잔잔한 바람이 부는 곳을 찾아내는 게 숙제였던 셈이다.

여기서, 풍수에서 가장 중요하게 여기는 원칙이 나온다. 산을 등지고 물을 바라보는 지형, 즉 배산임수背山臨水라 부르는, 풍수지리에서 이상적으로 생각하는 지형이다. 좋은 자리를 찾으면 '삼대가 번성한다' '재물 복이 생긴다' '명예 운을 얻는다'는 세속적인 표현을 써 그 신뢰성을 떨어트리기도 하지만, 그것은 복잡한 건축적·지리적 이론을 설명하기보다 서민들을 좀 더 실감 나게 설득하기 위한 상업적 문구로 이해할 수도 있다. 배산임수가 일리가 있는 것은 높은 지형을 뒤로하고 강 같은 물이 앞에 있으면 대류 현상*으로 인해 잔잔한 바람이 지속적으로 생성되기 때문이다. 해변에서 시간에 따라 방향이 바뀌면서 항상 바람이 부는 이유와 유사하다.

그런데 서부 개척 시대처럼 땅이 남아도는 시대도 아니고, 경사지 중에 뒤가 높고 앞에 물이 있으면서도 집을 지을 수 있을 정도로 큰 땅이 얼마나 있을까. 근대에 들어 배산임수를 찾는 수요는 많은데 공급은 턱없이 부족하자 전통적 풍수지리설에는 강조되지 않던 보완적 개념이 등장한다. 바로 '향'이다. 혹독한 겨울에 북풍을 정면으로 맞을 수는 없으니 북쪽을 등지는 것은 당연하지만, 지붕 처마가 길게 나오는 한옥 건물에서는 바람에 비해 향은 크게 중요한 요소가 아니었다. 서향이 여름 오후에 덥긴 해도 지붕 처마가 가려 주니 실내 공간에 크게 문제가 될 정도는 아니었고, 한옥의 모든 방은 직사광선이 아니라 마당에서 반사되는 간접광에 의지하는 구조였으므로 한옥은 향에 강하게 구속되는 집이 아니었다. 따라서 남향에 대한 집착도 없었다. 전통적인 집이 창밖의 경치나 경사의 흐름 같은, 땅 주변 환경에 순응하는 식으로 지어져 온 이유다.

• 차가운 것은 아래로 내려오고, 따뜻한 것은 위로 올라가는 상하 이동을 하면서 열이 전달되는 현상

근대에 들어 도시가 생기고 비와 습기에 강한 벽돌과 콘크리트로 건축 재료가 바뀌자 습기에 대한 근심은 목조 건축에 비해 상대적으로 덜해졌다. 배산임수에 대한 필요성이 예전에 비해 낮아진 것이다. 대신 지붕 처마가 없어지자 마당 바닥에 반사되던 간접광 대신 실내에 바로 쏟아지는 직사광선이 문제로 등장한다. 동향이나 남향의 햇빛은 괜찮았지만, 한여름 달궈진 오후 서향 빛은 복사열 때문에 더웠다. 그래서 수십 년 전에 지어진 양옥 주택을 보면 집의 서쪽에 나무를 심어 집 쪽으로 그늘을 만들거나 서쪽 벽에 차양을 설치하고 창 위치와 크기를 조정해 여름 서향 빛을 극복하면서도 따뜻한 겨울 서향 빛은 받아들이는 등 나름 해결책을 강구했다.

요즘처럼 남향집이 도시를 지배하게 된 데는 아파트가 큰 역할을 한다. 아파트는 풍수지리의 가장 높은 가치인 배산임수를 실현할 수는 없었지만, 하급 가치였던 남향은 어렵지 않게 만족시킬 수 있었다. 어떤 경우에는 배산임수를 포기하고 남향을 선택할 정도로 사람들은 남향에 큰 집착을 보였다. 강남 한강변에 들어선 고급 아파트들은 멋진 한강 전망도 북쪽이란 이유로 포기하고 다른 아파트밖에 안 보이는 남향을 선택할 정도였다. 남향 아파트가 이렇게 주택 시장을 점령한 이유는 간단하다. 입주자가 집을 보고 사지 않기 때문이다. 실제로 지어진 건물에 직접 방문해서 창밖에는 무엇이 보이는지 주변 동네 분위기는 어떤지 파악하기도 전에, 평면도와 모델 하우스만으로 청약해야 했기 때문에 판단할 요소가 실내 평수와 향밖에 없었던 것이다. '전 세대 남향'이라는 분양 광고가 자랑스럽게 모델 하우스 입구에 내걸린 모습은 요즘도 쉽게 볼 수 있다. 물론 남향이 개개인의 집에는 장점이 많은 향이기는 하지만, 주변이 어떻든 간에 모든 집이 남향을 보고 서자 재미있는 현상이 일어난다. 모든 아파트가 해바라기처럼 똑같은 방향으로 배열되니 어느 집에서나 바라보는 외부 전망이 똑같아진 것이다. 마치 디지털 세계에 0과 1로 무한 복제된 매트릭스처럼 지역이나 동네나 상관없이 한국인은 단 하나의 똑같은 창밖 풍경을 공유하게 되었다. 전라도에 살건 서울에 살건 창밖 풍경은 동일한 시각적 무중력 상태에 살게 된 것이다.

쐐기돌은 조적조°가 사라진 후에도 장식으로 남았다. 배산임수가 사라져도 남향은 남았을 뿐 아니라 주택 시장을 독점했다. 그런데 모든 아파트가 남향으로 지어졌으니 모든 사람이 남쪽에서 살게 됐을까? 한국인이면 누구라도 떠올릴 수 있는 아파트의 구조는 거실과 안방은 남쪽, 두 개의 애들 방과 주

• 조적조組積造는 건축 양식 중 하나를 일컫는다. 돌, 벽돌, 콘크리트 블록 등으로 쌓아 올려서 벽을 만드는 건축 구조로, 가장 오래된 구조 방식이다. 로마네스크, 고딕, 르네상스, 바로크 같은 서구 건축 역사는 곧 이 조적조의 역사다.

한 방향을 향해 있는 우리나라의 아파트와 해바라기

방은 반대쪽인 북쪽에 배치된, 4인 가족 기준 32평 표준 평면이다. 일전에 인테리어 설계 의뢰를 해 온 한 가족에게 각각의 방에서 자신이 보내는 시간을 타임워치로 측정해 보게 한 적이 있다. 측정 결과는 그곳에 사는 사람조차 믿기 어려울 정도로 놀라운 것이었다. 해가 드는 남쪽의 안방과 거실은 해가 진 후에나 비로소 사람이 들기 시작했고, 심지어 가장 좋은 자리의 안방은 저녁 10시까지 아무도 들어오지 않는 경우가 허다했다. 그러나 북쪽에 있는 주방과 아이들 방은 오후 내내 형광등을 켜 놓고 사용하고 있었다. **그들은 남향집이 아니라 북향집에 살고 있었다.**

예전의 한옥은 가운데 마당에 비치는 자연광이 반사되어 모든 방에 빛이 골고루 퍼지는 구조였다. 동향이나 서향이라도 모든 방에 간접광이 비치니 별 상관없었다. 집을 굳이 'ㄱ'자나 'ㄷ'자로 만들었던 이유이자, 우리가 지금도 한옥의 툇마루에 앉았을 때 마음이 편해지는 진짜 이유다. 한옥의 '마당'에서 아파트의 '거실'로 집의 중심이 변하자 사람들은 거실을 예전에 가족들이 모이고 함께 일하고 놀이도 하던 마당처럼 받아들였다. 그리고 거실을 항상 빛이 드는 남쪽에 두는 것을 자연스럽게 수용했다. 그런데 빛을 독차지한 거실은 예전 마당이 했던 것과 달리 다른 공간에 빛을 전해 주지 못했다. 건축의 논리가 바뀐 것이다. 거실 주위를 둘러싼 방들이 콘크리트 벽과 불투

한국에 가장 많이 보급된, 거실이 중심인 32평 아파트 평면도

마당이 중심인 한옥

명한 문으로 막혀 단절됐고, 남향 빛으로만 집을 비추기에는 실내의 폭이 너무 늘어나 버렸다. 거실을 중심으로 한 한국 아파트의 폭은 최소 15미터에 천정고 2.3미터로, 그 공간을 전부 채광하는 것은 불가능했다. 결국 반 이상의 방은 햇빛이 직접 들지 않는 북쪽에 고립되었고, 작은 이중창과 다용도실 발코니로 외부와도 단절되어 어둠 속에서 한낮 햇빛과 비슷한 색을 내는 형광등에 의지해야 했다. 그리고 그 형광등은 햇빛을 대처하기 위해 더 밝아져야 했다. 빛이 들지 않는 침침한 북쪽 공간으로 밀려난 사람은 하필이면 약자인 주부와 아이들이었고, 항시 밝은 남향 빛의 혜택을 입는 것은 사람이 아니라 커다란 티브이와 소파 그리고 킹사이즈 더블 침대였다.

안방과 침실

어느 나라나 변화에 가장 완고한 경직성을 가진 것은 장례 문화다. 하지만 수백 년 지속되던 매장 문화를 한 세대도 안 되어 화장 문화로 바꿀 정도로 의외의 문화적 유연성을 발휘했던 한국인이었기에, 반세기 만에 사는 집의 모습을 완벽하게 바꾼 것은 그리 놀라운 일이 아닐지도 모른다. 그런데 전통 한옥에서 개량 한옥, 양옥 주택을 거쳐 아파트로 외형은 완전히 변해 왔지만, 그 속의 삶의 방식과 공간의 논리가 보이는 외형만큼 많이 변한 것은 아니다. 수백 년 동안 기후 조건과 사회관계와 건축 기술이 서로 충돌하고 타협해서 오늘 우리가 사는 집의 모습이 되었다. 특히 21세기 한국인의 절반이 살게 된 아파트는 오늘의 편리성, 환금성, 학군, 경제성 같은 한국인이 가장 선호하는 욕망의 교집합이 만들어 낸 집합적 결과물이다. 그렇지만 그 선호의 기원은 그들이 어린 시절을 보낸 고향과 시골 할머니 집에서의 옛 기억에 뿌리를 두고 있고, 전통적인 가족관을 기초로 하고 있다.

한국인에게 안방이란 단어가 주는 어감은 단순히 잠을 자는 침실만을 뜻하지 않는다. 원래 전통 가옥에서 안방은 내방內房 또는 안채라 해서 가족 중 안주인을 위한 공간을 의미했다. 그래서 안방은 집의 가장 폐쇄적이고 신성한 방으로 간주되며, 대

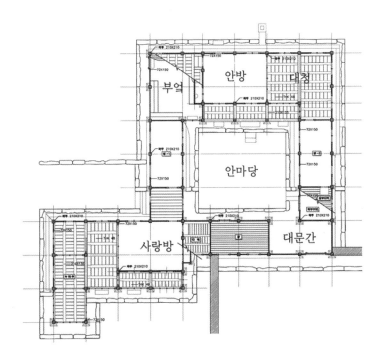

18세기 한옥 민가 평면도. 궁집 (중요 민속 자료 130)

문에서 가장 멀리 떨어져 배치됐고, 남편과 가족 외의 사람들은 허가 없이 안방으로 들어오지 못했다. 또 모든 집안일을 관리하기 위한 중심이었고, 모든 열쇠와 귀중품을 보관하는 곳이기도 했다. 안주인의 공간이라 부엌과 가까이 위치했으며 밥상을 나르거나 빠른 출입을 위해 쪽문으로 직접 연결되었다. 소수의 큰 양반집을 제외하고 이 안방은 한국인에게 밥상이 들어오면 식당으로, 이불보를 갈아 끼우거나 김장하는 날에는 작업장으로, 겨울에 가족들이 화로에 모여 앉아 군밤 같은 걸 나눠 먹는 가족실로, 이불을 펴면 침실로 바뀌는 말 그대로의 '다목적실' 역할을 톡톡히 했다. 마당과 더불어 집에서 가장 중요한 공간이었고 실제로 쓰임새도 가장 컸다. 안방은 한국인의 인식 속에 가족과 가장 가까운 의미를 가진 공간이었다. 안방 아랫목에서 한 이불을 덮고 가족끼리 온기를 함께 나눈 기억들을 무의식중에 공유하고 있는 당시의 아이들이 오늘날 고층 아파트의 소유주가 되었다.

어린 시절 각인된 기억들 때문에 집의 모든 방 중에 안방은 가장 크고, 집의 중심이란 사실을 사람들은 자연스럽게 내면화한다. 그러니 아파트가 처음 소개됐을 때 안방이 거실과 함께 가장 좋은 향에 넓은 면적으로 자리 잡은 것은 놀라운 일이 아니다. 형식과 내용이 어긋나는 문화적 지체 현상은 그때부터 시작된다. 남쪽 공간은 한정되어 있으니 부엌은 안방에서 먼 집

반대쪽으로 보내졌고, 식탁은 주방 옆에 따로 자리 잡았다. 가족들은 거실에 모여 텔레비전을 보게 되니 안방은 예전 가족실의 기능은 상실한 채 그야말로 밤에 잠만 자는 침실로 바뀌었다. 넓은 면적은 유지한 채 큰 침대와 장롱만 하루 종일 방을 지키는 기묘한 공간이 되고 만 것이다. 최근 들어 안방에 드레스룸이나 별도의 다실tea room 같은 휴식 공간을 설치하는 등 안방의 효용성을 높이려는 평면들이 시도되고 있으나 오래전부터 가장 좋은 향에 자리를 튼, 더 이상 '안방'이 아닌 '부부 침실'은 한 번 차지한 별 필요 없는 넓은 면적을 포기하지 않고 있다.

십여 년 전, 기존 안방을 밤에 잠만 자는 데 쓰기에는 너무 넓으니 (당시 그 집 안방의 면적은 40제곱미터에 달했다) 하루 종일 그것도 온 가족이 함께 쓸 수 있는 취미실이나 작업실로 바꾸고 부부 침실을 작은 문간방으로 옮기는 게 어떻겠냐는 나의 제안을 들은 한 건축주는 말은 맞고 머리로는 설득이 되는데, 남들이 이상하게 생각할까 봐 망설여진다는 말로 거절한 적이 있었다. 자기 집인데 왜 남들 눈을 걱정하는지 의아했지만, 안방은 커야 한다는 자신도 이유를 모르는 모태 관념에 속박되어 있는 사람이 그 사람만은 아니었기에 이해가 안 되는 것도 아니었다. 우리 아파트의 '쐐기돌 장식'인 안방은 오늘도 정체성 혼란을 겪고 있다.

마루와 거실

마당이 하늘로 열린 야외 공간이라면, 마루는 지붕이 덮인 야외 공간이다. 추운 한겨울을 제외하곤 가족들은 마루에서 식사하고 집안일도 같이 했으며 이웃들도 여기서 맞았다. 그리고 마루에서 보이는 뒤뜰에는 멋진 나무나 화초를 심어 자연의 미장센도 잊지 않았다. 어린 시절 대청마루에 누워 낮잠을 자 본 적이 있는 사람이라면 아카시아 냄새를 머금은 피부를 간질이던 산들바람, 발걸음에 끼익하는 소리로 대답해 주던 대청마루의 오래된 나무 냄새, 처마 밑에 자리 잡은 제비 가족의 분주한 움직임과 수줍은 짹짹 소리, 뒤뜰의 향나무가 바람에 흔들리며 내는 소리, 마당에 떨어지는 소나기가 전해 주던 물과 흙이 섞인 비 냄새 같은 오감의 향연을 기억할지도 모른다. 한옥의 마루는 마당과 바로 이어지는 공간이었으니 궂은 날에는 마당을 대신했고, 집을 외부와 연결시켜 주는 한옥의 핵심적인 역할을 했다.

아파트에 처음 거실이란 공간이 만들어졌을 때 사람들은 그 공간을 마당과 마루의 분신이라 생각했고, 거실에 놓인 (갓 들어온 신문물인) 트랜지스터 라디오를 중심으로 반원형으로 둘러앉았다. 방석과 의자가 혼용되는 좌식과 입식의 혼란은 있었으나 발코니에는 화초도 심고, 가족들이 둥그렇게 모여 간식

논산 윤황 선생 고택(충청남도 시도민속문화재 제8호), 안채의 대청마루

도 나눠 먹는 마당과 마루의 역할을 나름 계승했다. 그러나 중요한 변화가 찾아온다. 텔레비전과 소파의 등장이다. 텔레비전의 공간 장악력이 얼마나 큰지는 굳이 말할 필요가 없다. 몇십 년 둥그렇게 모여 앉던 가족들을 하루 만에 일렬횡대로 정렬시킬 정도였으니 말이다. 처음에는 'ㄴ'자나 'ㄷ'자 모양을 갖추던 소파는 텔레비전의 등장에 단체 관람석이면서 혼자라면 누워서 텔레비전을 바라볼 수 있는 'ㅡ(일)'자형 간이침대로 변신했다. 좌식과 입식의 혼란은 계속되어 소파가 의자인지 등받이인지 분간하기 힘든 현상은 이어졌지만 큰 문제는 아니었다. 스마트폰이 보급되자 그나마 한곳에 모여 텔레비전이라도 같이 보던 가족들이 같은 곳에 모이는 것에 회의를 품기 시작한다. 부모가 선택한 TV 프로그램에 흥미가 없는 아이들이 자기 취향에 맞는 화면을 무한대로 뿌려 주는 스마트폰 화면 속으로 망명하는 사태가 생기자, 거실은 가족 중 단 한 명(주로 부모)을 위한 시청각실로 바뀐 것이다. 시작은 분명 가족의 공동 공간이었는데, 이제는 하루 종일 따뜻한 남향 햇볕을 받으며 비어 있다 해가 진 저녁에야 한 사람의 미디어 감상실로 변화한다. 오늘의 거실(마루)은 드디어 막다른 길에 도달했다.

이런 작은 모순들을 민감하게 알아채고 작더라도 대안을 시도하는 건축가와 젊은 집주인의 움직임이 분명 늘어나고 있다. 가족이 개인화·파편화되는 주요 원인 중 하나가 한국의 가족실이 본연의 역할을 잃어버렸기 때문이라는 사실을 무겁게 받아들인 사람들은, 거실에 텔레비전을 없애고 가족 독서실로 만든다든지 거실 가운데 크고 편한 책상을 두어 가족을 모여 앉게 유도하는 식으로 대안을 찾는다. 주방과 식탁을 햇볕이 잘 들고 전망이 좋은 방향에 두고 거실은 아예 축소해 텔레비전을 보는 별도의 공간으로 격하시키는 실험도 개인 주택에서는 시도되고 있다. 어떻게 사는 것이 나와 가족에게 더 좋은가를 생각해 볼 수 있는 드문 기회를 제공하는 주택 시장이기 때문에 가능한 일이다.

그나마 이런 유연성이 있는 개인 주택 시장에 비해 단지 위주의 아파트는 미분양의 폭발력이 큰 시장이라 새로운 시도가 어렵다. 2년마다 입주자가 바뀔 수 있고, 익명의 소비자를 상대해야 하는 근본적인 한계를 안고 있기 때문에 보편적으로 기존에 받아들여진 것 외의 다른 진화를 기대하기 어려운 곳이다. 그런 보수적 알고리즘을 지닌 집이 지배하는 한국의 주거 문화에서, 이제는 거실이라 불리는 '마루'의 운명이 한국인의 가족 관계와 사회관계의 미래 모습을 결정할 거라는 사실은 쉽게 예측할 수 있다. 30년 전 가족이 옹기종기 모이던 '마루'를 기억하던 아이들이 지금 아파트의 주인이 되었듯이, 아빠 혼자 누워 60인치 티브이 화면의 스포츠 경기를 보는 '거실'을 보고 자란 지금의 아이들이 30년 후 그들의 아파트 주인이 되어 있을 테니 말이다.

온돌

온돌溫突은 방바닥을 따뜻하게 하는 한국의 전통적인 가옥 난방 방법이다. 한옥의 아궁이에서 불을 피우고, 아궁이에서 생성된 열기를 머금은 뜨거운 연기가 방바닥에 깔린 구들장 밑을 지나면서 난방이 되고, 그 연기는 구들장 끝 굴뚝으로 빠져나가는 방식이다. 서구에는 로마 시대에 뜨거운 공기로 바닥 밑을 데우는 히포카우스트hypocaust라는 유사한 난방 방식이 있었으나, 겨울이 상대적으로 혹독했던 한국의 기후에서 오랜 기간 발전해 지금까지 계승돼 왔다. 온돌은 음식을 하기 위해 지핀 불의 열기를 방의 난방에 재사용했기 때문에 땔감을 구할 수 없었던 긴 겨울 동안 최소한의 자원으로 요리와 난방을 병행할 수 있었고(난방이 필요 없는 여름에는 구들과 연결되지 않은 별도의 아궁이를 사용했다), 이런 방식은 집의 구조가 바뀐 근대에도 계승됐다. 아파트가 처음 소개된 1970년대에도 연탄 아궁이와 구들이 쓰일 정도였다. 연탄가스 중독으로 겨울이면 여기저기서 사망 사고 소식이 의례적으로 들려오던 시절이었다. 사고도 빈번하고 건물 바닥에 구들을 놓아 열기로 방을 덥히는 방식으로 여러 층의 아파트를 만드는 시공법이 난관에 부딪히자 부엌과 거실에 보일러로 데운 라디에이터를 통해 대류식 난방을 시도하지만, 결국 차가운 바닥에 입주민은 적응하지 못하고 전기장판을 깔고 앉는 상황이 계속되자 결국 라디에이터는 퇴출된다.

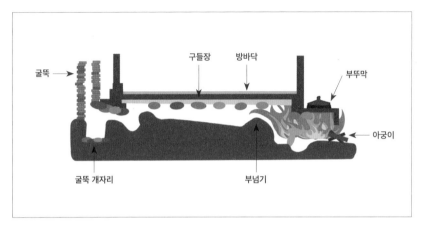

굴뚝 구들장 방바닥 부뚜막 아궁이

굴뚝 개자리 부넘기

온돌의 원리

부엌 아궁이와 온돌방

그러다 보일러 성능이 비약적으로 발전하자 물을 덥혀 바닥에 매입된 관을 통해 바닥을 데우는 온수 바닥 난방이 해결책으로 등장하고, 오늘날 대부분의 집은 온수 파이프의 온기로 바닥을 데우는 난방 방식으로 지어진다.

온돌은 한국인의 생활 습관에도 큰 영향을 주었다. 방바닥을 달구는 방식이다 보니 온돌은 한국인들이 바닥에 앉아서 생활하게 만든 중요한 원인이 되었다. 한국인들은 온돌 덕분에 무슨 일을 하든 방바닥에 직접 앉아서 하는 데에 익숙해졌다. 이것은 모든 실내 가구에도 영향을 미쳐, 가구의 크기나 가구에 달린 문과 손잡이의 위치도 앉아서 생활하는 데 알맞게 만들어졌다. 조선 시대에는 유학의 생활화로 방 안에 아궁이와 가까운 지점인 아랫목을 윗사람이 앉는 자리로 하여 방 안에서도 자리의 위계질서를 세우기도 했다. 1970~1980년대만 해도 안방의 가장 따뜻한 자리를 할아버지나 아버지 자리라고 해서 아이들이나 손님이 함부로 앉지 못했던 게 흔한 모습이었다.

방석과 이부자리와 밥상은 이 온돌이 만들어 놓은 필연적인 '쐐기돌'이었다. 그런데 실내에서도 신을 벗지 않는 서양식 입식 문화의 산물인 소파, 침대, 식탁이 수입되어 집을 점령하자, 익숙한 바닥 난방의 포근함을 포기할 수는 없고 그렇다고 힘든 양반다리 하지 않고 허리에 무리를 주지 않는 입식 생활을 거부할 수도 없는 정신 분열적 상황을 맞이한다. 엉덩이에 전해지는 온기가 필요했으니 소파를 등받이로 쓰고 바닥에 앉았고, 따뜻한 공기만으로는 성에 차지 않으니 으슬으슬한 몸을 '지지기' 위해 침대 위에 전기장판을 깔고 잠을 청했다.

인간의 오감 중 촉각은 후각과 더불어 가장 원초적이고, 일단 그것이 습관화되어 체내화되면 그 후에는 더 이상 벗어나기 힘들 정도로 중독성이 강한 메커니즘이다. 열원과의 직접적인 접촉으로 온기를 인지하는 데 익숙해진 사람들은 피부의 직접 접촉이 없으면 춥다 덥다는 문제를 떠나 기본적인 감각의 결핍을 먼저 느낀다. 한국인이 외국 여행 중에 묵게 되는 호텔 방이나 유스호스텔에서 라디에이터로 잘 데워진 실내 온도에도 불구하고 차가운 타일 바닥 때문에 뭔가 서늘하고 어색하다고 느끼면서 원래 호텔에서 신발을 벗던 사람들도 벗지 못하는 이유다. 항상 발바닥에 전해지던 온기가 빠졌기 때문이다. 한국인은 신발을 벗지 못하거나 바닥에 앉을 수 없으면 집 같은 안정감을 느끼지 못한다.

한국의 전통적인 구들과 아궁이는 분명 그 시절의 건축 방식에서 독창적이고 혁신적인 발명품인 건 틀림없지만, 온돌에 대한 모태적 집착이 없는 외국인의 눈으로 보면 과연 오늘날에도 유효한가 하는 질문에는 한국인의 확신과는 많이 다르다. 온돌이 야기한 문제점도 함께 보이기 때문이고, 결정적으로 건물을 짓는 논리가 바뀌었기 때문이다. 구들을 2층에까지 설치할 건축 방식이 없었으니 집은 단층으로만 지어졌고, 단층 건물로 도시를 만들 수는 없었으니 한국인은 19세기까지 1층만 있는 평면적인 '마을'에서만 살았다. 벽난로를 사용했던 서구나 실내 화덕을 사용했던 일본이 쉽게 다층식 건물을 지었던 이유는 난방 방식이 상대적으로 간단한 공기 난방식이었기 때문이다. 건물을 여러 층으로 지을 수 있게 되자 상·하수 시스템과 엘리베이터 같은 기계 시스템도 덩달아 발전했다. 건물을 낮게 지어온 것이 자연에 순응하고 조화하는 우리 조상의 위대한 전통 철학이라고 국사 선생님은 가르치지만, 여러 층으로 지을 수 있고 건물 전체를 데우는 기술이 충분했는데도 정말 한국인의 선조들은 그런 순응적 자연관을 고수했을까 하는 질문에 쉽게 대답할 수 있는 선생님은 많지 않을 것이다.

현대에도 온돌은 장점만큼이나 많은 문제를 야기한다. 온수 파이프를 깔아 바닥을 데우는 방식이라 기존 콘크리트 구조 바닥 위에 그 정도 두께의 별도 바닥을 더 깔아야 하니 과도한 자재를 써야 하고 그래서 건물 전체가 무거워지는 것은 그렇다 치자. 습식 공법으로 콘크리트 바닥 속에 묻은 파이프를 교체하려면 바닥 전체를 뜯어내야 하므로, 지은 지 20~30년이 지난 후 건물의 개·보수 주기가 돌아올 때 고쳐 쓰는 것이 어려우니 어쩔 수 없이 건물 전체의 철거와 재건축을 유도한다. 물론 건물을 고쳐 쓰는 것을 어렵게 만드는 더 직접적인 원인은 실내를 바꿀 수 없는 벽식 구조 방식 때문이지만, 바닥 온돌도 톡톡히 한 몫을 한다. 재건축으로 더 큰 집을 얻게 될 몇몇의 조합원과 일거리를 보장받을 건설 업체에게는 좋은 소식일지 몰라도 건물을 30년마다 부수고 새로 짓는 것은 비경제적일 뿐 아니라 무책임한 짓이다. 건축은 자연 자원을 오직 고갈시키기만 하는 소모적인 행위다. 우리 나라 건축 산업의 재활용 비율은 1퍼센트도 되지 않는다.

더운 바닥은 추운 한겨울에도 실내에서 맨발로 지낼 수 있게 해 준다. 실내화를 신고 있다면 조금 춥더라도 스웨터 하나 더 입는 것으로 간단히 해결되지만, 맨발로 지내는 사람은 추우면 바닥 전체의 온도를 올리지 않으면 따뜻함을 느끼지 못한다. 맨살에 온기가 충분히 전해질 때 즈음이면 실내 온도는 어김없이 섭씨 30도에 근접해 있고, 사람들은 온도를 내리기보다 반팔 옷으로 갈아입는 것으로 한겨울의 실내 더위를 해결한다. 따뜻함에 익숙해져 그것에 속박될수록 외부 추위에 대한 저항력과 면역력은 떨어지니 가족들은 더더욱 실내를 벗어나지 못하는 체질이 된다. 또한 맨발이 바닥 면에 계속 닿으니 더러움이나 먼지가 피부에 느껴지는 데 민감해지고, 그 때문에 바닥 재료는 열과 물걸레를 동시에 견딜 수 있는 소수의 재료로 한정된다. 한국의 모든 방이 표면에 화학적 방수 처리가 된 강화마루나 석유화학 계열 장판류로 깔려 있는 이유다. 자연 원목이나 카펫, 패브릭, 바닥 벽돌, 다다미 같은 다양한 재료가 실내에 쓰이지 못하는 이유는 바로 물청소를 해야 하기 때문이다.

앞서 언급한 대로 한 번 체내화된 감각은 그것이 아무리 시대의 변화와 맞지 않고 비경제적이라고 해도 쉽게 바뀌지 않는다. 몇 페이지를 채울 수 있는 문제점과 단점에도 한국인의 온돌에 대한 집착은 바뀌지 않을 것이다. 사는 문제에서 개인의 버릇과 선호는 '옳다, 그르다'로 따져지는 논리의 영역이 아니라, 유아 시절 가족생활에서 체화한 감각적 경험에서 자신도 모르게 만들어진다. 자신과 맞지 않는 공간은 머리가 아닌 몸이 먼저 반응하지만, 아무도 왜 그런지는 자문하지 않는다. 익숙함에 기인한 좋다, 싫다만 있을 뿐이다. 건축가가 아닌 이상 이렇게 사는 게 경제적인지 저렇게 사는 게 더 합리적인지 고민하는 사람은 드물다. 가지 못한 우주의 비밀을 밝히려 했던 천재 아인슈타인도 익숙한 자신의 집이 왜 이렇게 생겼는지에 대한 궁금증은 없었다. 나라의 거시 경제를 예측하는 한국 최고의 석학도 바닥에 앉아 소파에 기대어 TV 뉴스를 보는 자신의 자세에는 의문을 품지 못한다. 제아무리 4차 산업혁명에 접어들고 인간의 뇌 메커니즘을 따라잡는 인공 지능을 개발해 내는 시대라고 해도, 실제로는 자신의 몸에서 한 발자국도 벗어나지 못하는 '동물'이 인간이다. 공간에 익숙해진 사람에게는 그 공간이 보이지 않는다. '쐐기돌 장식'은 우리 집 곳곳에 있다. 형식과 사용은 많은 부분 어긋나 있다. 인간은 딱 그만큼만 똑똑하다.

5장

왜 부자들은
벤츠를 탈까

단순하면서도 카리스마 넘치는 원형 안 세 꼭짓점 모양의 엠블럼을 힐끗 본 호텔의 주차원은 공손한 태도로 차 열쇠를 건네받는다. 식사를 마치고 나오자 기사는 자기가 잘 세워 뒀다는 눈빛으로 차가 주차된 위치를 알려 주며 열쇠를 건네준다. 옆 차와 널찍이 떨어뜨려 놓은 거리를 보니 차를 주차한 기사는 옆 차와의 접촉에 엄청 신경을 쓴 것이 틀림없다. 차 문을 열고 시동 버튼을 누르니 묵직하고 고급스러운 저음의 진동이 부드러운 물소 가죽으로 덮인 핸들을 통해 전해진다. 주차장 출구의 안내원은 90도 인사로 배웅한다. 어느덧 고속도로로 접어들자 차는 자신의 세상을 만난 듯 부드럽게 그러나 매섭게 도로를 미끄러져 간다. 방향 지시등이나 전조등 신호를 보내지 않았는데도 1차선으로 달리던 앞차들이 약속이나 한 듯 길을 비켜 준다.

'그래, 이 맛에 벤츠 타는 거지!'

채 나눔

국민의 대부분이 사각형 콘크리트 건물에 살게 되고, 도시가 거대해지고 복잡해질수록 전통 건축 한옥에 대한 향수와 관심이 역설적으로 커져 간다. 오래된 고택이나 한옥 민박이 비싼 숙박비에도 불구하고 문전성시를 이루고, 서울의 한 고급 호텔 체인은 시내 금싸라기 땅에 목조 한옥 호텔을 짓겠다고 팔을 걷어붙일 정도다. 수십 년 동안 춥고 불편한 비효율적인 집의 대명사로 대중에게 외면받던 한옥이 이렇게 다시 주목받는 이유는 뭘까. 그것은 오늘날 우리의 주거 방식에 내포된 모순점이 그 한계를 서서히 드러내고 있기 때문이고, 그 과정에서 한옥이 가진 장점들이 기존에 알려진 단점을 넘어서고 있기 때문일 것이다.

한국을 비롯한 동아시아에서 전통적으로 목조 구조의 건축을 채택했던 이유는 단순하다. 주변에서 가장 구하기 쉬운 재료였기 때문이다. 다만 습기에 약한 재료의 특성을 보완하기 위해 크고 넓은 지붕을 씌워 하부의 목재 구조물을 비로부터 보호하고, 지면에는 습기에 강한 석재로 주춧돌을 만들어 목재 기둥이 지면을 흐르는 물에 젖지 않게 했다. 여기까지는 목조 건축을 주로 지어 온 대부분의 아시아 나라들이 동일하다. 그런데 한국의 전통 건축이 다른 아시아 건축과 다른 점은 건물을 최대한 크게 지어 그 속에 여러 개의 방을 설치하는 것이 아닌, 건물 크기를 줄여 여러 채로 나누어 짓는 방법을 선호했다는 것이다. 그때나 지금이나 하나의 큰 건물을 짓는 것이 작은 건물을 여러 채 짓는 것보다 여러 모로 이득이다. 땅을 덜 깎아도 되고 기초 놓기도 쉽고 재료도 절약되기 때문이다. 실제로 중국이나 일본에서는 일반 주택에서도 큰 규모의 건물 안에 다수의 층과 방이 있는 것을 흔히 볼 수 있다. 그런데 오직 한국만이 집을 굳이 잘게 나누어 짓는 어려운 방식을 채택했다. 많은 건축 서적과 전통 건축 안내서에서는 이 '채彩 나눔'이 우리 전통 건축의 기본 특성이고, 그 덕에 공간이 다양해졌고 인간적인 스케일이 되었다고 하는데, 왜 굳이 채를 나누어 지었는지에 대한 이유는 정확히 말해 주지 않는다. 아마도 평지가 적고 경사지가 많은 한국 지형의 특성상 작게 여러 개의 채로 나눠 짓는게 유리했을 거라는 추측이 가능하지만, 평지에 자리 잡은 큰 도시에 지어진 부잣집과 대감 집도 큰 건물보다는 다수의 작은 채를 선호했다는 반론 앞에 금세 설득력을 잃게 된다.

그 답은 의외로 건축 외적인 데 있는데, 바로 복잡한 유교의 신분 개념 때문이다. 한집에 같이 살아도 남녀, 세대, 나이, 촌수, 신분, 직업에 따라 세밀하고 복잡하게 식구를 구분해야 했기 때문에 비싸지는 건축비에도 불구하고 채를 나누어 지었던 것이다. 한 건물 안에서 같이 살게 되면 얼굴 마주치는 경우가 빈번해지기에 대화도 잦아지니 사생활도 서로 알게 되고, 그렇게 되면 신분 높은 사람이 면을 세우기가 힘들어진다. 신분제를 유지하고 공고히 하려면 공간을 이용하는 게 가장 효과적이고 또한 지속적이란 사실은 한국뿐 아니라 전 세계의 모든 건축에 통용되는 사실이다. 사는 공간을 서로 분리하고 상대방(특히 신분이 높은 사람)의 공간에 출입하기 어려울 때 신분 간의 심리적 긴장이 유지된다.

주로 한옥은 크게 안채와 사랑채로 나누어지는데, 그 속에 안방, 웃방, 건넌방, 큰 사랑방, 작은 사랑방, 대청, 툇마루, 사랑대청, 누마루 등으로 세분화된다. 시아버지와 며느리가 대면할 수 있는 곳은 정해져 있으며, 작은 마님은 큰 마님의 부엌에 감히 출입할 수 없었다. 남자 주인과 여자 주인은 각자의 영역을 지켜야 했으며, 남정네가 부엌에 발을 들이기라도 하면 집 안이 뒤집힐 일이었다. 50년을 그 집에서 일한 늙은 노비는 대감의 안방이 어떻게 생겼는지 본 적이 없고, 대감 또한 그 집을 위해 평생을 노역한 노비의 방 창문 밖으로 무엇이 보이는지 알지 못했다. 같은 집에서 한솥밥을 먹고 살아온 운명 공동체인 한 식구도 서로 구분하고 구분되었고, 그 결과는 한옥의 채 나눔으로 남았다. 아름다운 한옥은 그렇게 과거 우리 조상의 차별과 배제의 흔적이기도 하다.

영주 무섬마을의 한 고택. 지금 우리 눈에 한없이 정감 있어 보이는 이곳은, 그 시절 어떤 여인에게는 평생한 발도 벗어날 수 없었던 그의 '우주'였다.

오늘날 우리는 전통 건축을 바라보며 시원하게 열린 대청마루와 구석구석 숨어 있는 크고 작은 마당이 있어 갑갑한 콘크리트 아파트와 비교해 인간적이고 자연 친화적 건축이라고 감탄할지 모르나, 자신에게 허락된 공간에만 갇혀 살던 당시의 작은 아씨는 지금 우리의 의견에 동의하지 않을 것이다. 안동의 고택을 방문한 21세기의 젊은 방문객은 건물 전체를 거리낌 없이 다니며 공간이 고풍스럽다, 마당이 아기자기하다는 등 집에 대한 '전지자적인' 감상과 사진을 SNS에 올리곤 하지만, 백년 전 그 집 식솔 중 집 안 전체를 오늘날 관광객처럼 자유롭게 휘젓고 다녀 본 사람은 아무도 없었다는 사실은 상상하기 힘들다. 우리는 하늘을 나는 새를 부러워하며 "새처럼 자유롭다"라는 표현을 쓰지만, 자연의 관계를 이해한다면 인간의 개념으로 요약하는 게 얼마나 어리석은지 알게 된다. 새 또한 자신의 영역에 철저히 갇혀 있고, 만약 그곳을 벗어난다면 침범한 영토의 주인인 다른 새와 목숨을 걸고 싸워야 한다.

권력과 상징

뉴욕이나 파리 같은 외국의 대도시에 가면 차이나타운처럼 같은 민족끼리 모여 사는 동네를 쉽게 볼 수 있다. 낯선 환경에서 비슷한 언어와 문화를 공유한 사람들끼리 서로 모이려 하는 습성은 당연하다 할 수 있다. 끼리끼리 모이려는 습성은 외국뿐 아니라 한 나라의 내부에서도 계속된다. 같은 지역 출신끼리 모여 상권을 이루기도 하고, 동성애자 같은 비슷한 정체성으로 모이기도 하고, 예술촌처럼 취향이나 직업이 비슷한 무리끼리 모이기도 한다. 또한 전 세계 어느 나라에서나 부자와 가난한 자는 끼리끼리 모여 산다. 영화 〈기생충〉을 만든 감독의 눈에는 영화 소재가 될 정도로 현대 사회의 불합리성과 모순을 내포하고 있다 하더라도, 부자끼리 모여 살려는 성향이 비슷한 부류끼리 모이려는 인간의 본성에 기인하고 있다는 사실까지 부정할 필요는 없다.

영화에서도 묘사되었듯 흔히 부잣집의 담은 높고 입구는 굳건하다. 큰 집에 살고 넓은 정원을 점유하고 있지만, 개인적인 성향이 강하고 길거리에서 이웃과 우연히 마주치는 것을 불편해한다. 서민적인 동네와 비교해 보면 부촌일수록 길은 깨끗하고 잘 다듬어져 있으나 동네는 적막하다는 사실을 쉽게 발견할 수 있다. 길가에 보행인도 적고 어린이 놀이터나 노인정, 체육공원 같은 공공시설 또한 서민 동네에 비하면 적은 정도가 아니라 드물다. 자신들만의 성에서 벗어나지 않으려는 성향이 강한 것이다. 왜 부자일수록 타인들과 편하게 어울리지 못하고 방어적이고 내향적이 되어 가는지는 사회·심리학적으로 설명이 가능하겠지만, 여기서 흥미로운 것은 이들이 특히 남의 눈을 의식하는 데 유독 민감하다는 사실이다. 옆집이 새로 산 차가 뭔지, 윗집이 새로 들인 외제 가구가 얼마짜리인지, 아랫집 여자의 새 옷이 어느 브랜드 명품인지…… 주위 사람과 끊임없이 비교하고 또 그보다 더 나아 보이고 싶어 한다.

부와 권력을 손에 쥔 사람이 자신을 다른 사람과 차별화하기 위해서 노력해 온 역사는 소개할 지면이 모자랄 정도로 오래되고 질긴데, 특히 언어, 의상, 장식, 건축 등이 신분 차별화를 위해 주로 애용된 역사적인 도구들이다. 유럽에서 라틴어가 조선에서 쓰인 한자와 비슷한 역할을 했던 이유는 배우기 어려워 소수에게 독점된 언어였다는 것이다. 소수가 글을 읽을 수 있고 쓸 수 있다는 사실은 지적 헤게모니, 즉 정보를 소수가 장악할 수 있었음을 의미한다. 중세 시대의 성직자가 그랬고, 조선 시대 사대부도 다르지 않았다.

일본의 에도 시대 사무라이 쇼군의 화려하게 치장된 갑옷과 투구는 감탄사가 나올 정도로 정교하고 화려하게 만들어졌다.

그러나 만약 그 갑옷을 결투 시 착용했다면 불편함과 무게 때문에 분명 상대방의 칼에 목이 베였을 것이다. 그러나 항상 칼을 지니고 살았던 사무라이에게는 자신의 실력과 권위를 상대방이 즉각적으로 알아챌 수 있게 화려하면서도 위압적인 시각적 상징이 필요했다. 알아채는 데 시간이 걸리고 성가신 대화도 필요한 고매한 인격이나 학문적 수준은 찰나에 생사가 갈리는 칼 앞에서는 한없이 비효용적인 가치다. 이런 환경 속에서 갑옷을 만들어 바쳐야 했던 장인은 쇼군의 마음에 들지 않으면 명예나 금전상의 손해가 아닌, 목숨을 내놓아야 했던 긴장 속에 살았다. 섬세하고 아름다운 일본의 장식 예술과 장인 문화는 많은 부분 이런 절박함에서 태어났고, 많은 이의 생명과 맞바꾸며 발전했다.

조선 궁궐 마마님이 머리 위에 평생 얹고 살았던 가체는 목과 어깨 관절통 때문에 몸종의 안마를 종일 받을지언정 평생 절대로 내려놓을 수 없던 권력의 상징이었다. 조선 시대 여인들 중에 아무도 자기 머리카락을 잘라 파는 사람이 없어 결국 남자의 머리카락으로 만든 가체가 대부분이었다는 의외의 사실은 잘 알려져 있지 않다. 대부분의 여자가 가체를 착용하여 권력 상징 경쟁이 심해지자 권세가 높은 집의 여인들은 더욱 큰 가체를 착용해야 했는데, 멀리서 누가 봐도 바로 알 수 있는 시각적 상징을 갖기 위해서는 더 많은 비용과 근육통을 감당해야

도쿄 사무라이 박물관에 전시된 갑옷과 투구

가체를 얹은 순정효황후

했다. 그러나 자진해서 가체를 내려놓고 민초 앞에 나선 마마님이 없었던 것을 보면 부와 권력의 속성은 예나 지금이나 일관성이 있는 셈이다.

권력이 사랑한 가장 크고 비싼 상징물은 단연 건축물이다. 하늘을 찌를 듯 높게 지었던 고딕 성당의 첨탑이 하늘에 계신 하느님에게 더 가까이 가고자 함이 아니라, 아래에 있는 사람들의 시선을 위로 향하게 해서 경외심을 느끼게 하기 위함이었다는 사실에 불편한 사람은 있어도 그 사실을 부정하긴 쉽지 않다. 두바이 사막 한가운데 구름보다 높이 올라선 828미터의 신新 바벨탑 '부르즈 할리파'는 인류 최초의 문명 발상지면서도 수천 년동안 그 위상을 잃어버린 사막 민족의 자격지심이 부추긴 일종의 '한풀이'였는지도 모른다. 건축물은 높을수록, 화려할수록, 아름다울수록 권력을 가졌다 할 수 있고, 그것을 마주한 대중은 그 건물과 지배자를 동일시했다. 피라미드, 신전, 사원, 왕궁, 교회, 관공서, 마천루 모두 그런 속성을 기반으로 만들어졌다.

이런 전통적인 부와 권력의 상징들은 오늘날 자동차가 많은 부분 계승한다. 도시가 넓어지고 사람들이 이동을 위해 도로에서 보내는 시간이 많아지면서 언어나 의상으로 자신의 신분을 드러내기가 힘들어졌기 때문이다. 보도 시대의 고급 양복과 드레스가 차도 시대의 고급 자동차로 변한 것이다. 오늘날 부자든

두바이의 '부르즈 할리파'(△)와 벤츠의 엠블럼

부자가 되고 싶은 사람이든 혹은 부자인 척하고 싶은 사람이든 벤츠라는 자동차 브랜드를 그토록 열망하고 애용하는 이유는 간단하다. 남들이 알아보고 대우해 주기 때문이다. 특정 고급차를 주행 성능이나 디자인 때문에 선택했다는 핑계 앞에는 다른 사람들이 쉽게 알아봐 주고 자신을 충분히 대우해 주기 때문이라는 무언의 전제가 생략돼 있다. 한때 최고급 차의 대명사였고 재벌 회장이나 정치 권력자만 타는 차라는 이미지가 강했던 벤츠는 2020년 수입차 1위를 넘어 한국 내 3위 완성 차의 판매량을 넘어섰다. 한국은 전 세계에서 벤츠를 다섯 번째로 많이 소비하는 국가가 되었으며, 선호도가 유난히 높은 한 모델은 한국에서 가장 많이 팔린다. 3만 달러의 국민 총소득GNI이 적은 금액은 아니지만, 벤츠라는 자동차가 그 정도의 평균 소득을 가진 대중이 쉽게 구입할 수 있는 금액의 차가 아닌 것은 분명하다. 명백하게 부담스러운 지출에도 한국인이 그토록 브랜드를 열망한다는 사실은, 그럼에도 불구하고 무언가 갈구하는 것이 분명하다는 점을 보여 준다. 분명 모순적이지만 신분제가 없어진 현대에 신분을 획득하고 싶은 것이다. 현대의 신분은 부자라는 남들의 인정이다. 남들보다 부자로 인정받고 싶은 이런 심리적 갈망은 몇 백만 원짜리 명품 가방에서, 수천만 원짜리 차로 그리고 수(십)억 짜리 집으로 옮겨 가지 않으면 이상할 일이었다.

부촌

다른 곳도 마찬가지지만 서울에는 오래전부터 부촌이 있었다. 흔히 삼청동, 한남동, 비교적 최근의 압구정동, 청담동 등이 그렇게 알려진 곳이고, 실제로 공관이나 대기업 경영자들의 자택이 이곳에 많이 몰려 있다. 1957년 성북구 종암동에 동 이름을 붙인 한국 최초의 아파트가 지어졌을 때, 기존의 부자들은 무관심했으나 신문물에 민감했던 일부 젊은 부유층이 모여들면서 신흥 부자 동네 이미지를 쌓기 시작한다. 2000년 이전까지만 해도 주로 지역을 나타내는 동 이름에 시공한 건설사 이름을 합쳐 아파트 이름을 붙였다. 압구정동 현대아파트, 서초동 우성아파트 같은 식이다. 사람들이 알 만한 부촌에 유명 건설사의 이름이 붙으면 사람들은 그 이름이 상징하는 바를 충분히 이해할 수 있었다. 누구나 알 만한 동 이름이 없었던 신도시에는 마을 이름과 건설사명을 붙여 샛별마을 삼부아파트, 양지마을 한양아파트로 불렀지만 아무래도 기존 부촌의 상징 가치에 대항하기에는 역부족이었다.

IMF 구제 금융 이후 양극화의 심화로 서민과 중산층의 경제력 차이가 급격히 벌어지면서 중산층 이상의 고급 수요가 늘어났다. 건설사는 IMF 이후 제2의 도약을 위한 새로운 전략이 필요했고, 부촌을 인위적으로 새로 만들어 내기는 불가능했으니 그들이 감당할 수 있는 현명한 방법을 생각해 냈다. 고급 아파트 브랜드를 도입해서 그들이 만드는 아파트 단지를 새로운 부촌처럼 '보이게 하는 것'이었다. 2000년 삼성물산 건설 부문에서 미래 지향적이며米, 아름답고美, 편안한安 아파트라는 의미로 래미안米美安이라는 아파트 브랜드를 만들었다. 삼성물산의 래미안 브랜드 전략은 IMF 경제 위기 이후 다시 살아난 주택 경기와 소득 양극화의 영향으로 고급 아파트 수요가 급증하면서 성공을 거두었다. 그 후 대우건설의 '푸르지오', 현대건설의 '힐스테이트' 와 '디에이치', 현대산업개발의 '아이파크', 대림건설의 'e편한세상', GS건설(당시 LG건설)의 '자이' 등 대형 건설사를 중심으로 브랜드를 속속 도입하면서 본격적인 브랜드 아파트 시대가 열렸다. 아파트 브랜드 자체가 경쟁력이 되자, 대형 건설사뿐 아니라 중견, 중소 건설사들도 자체 브랜드를 도입했다. 심지어는 주택공사(지금은 LH)도 '뜨란채'(이후 '휴먼시아')라는 브랜드를 만들었다. 이는 고급화를 원하는 수요를 만족시키는 한편, 분양가 인상의 명분이 되었다. 여기에 단지 거주에만 초점이 맞춰진 성냥갑 아파트 개념을 넘어, 삶의 질 향상과 차별화된 명품 이미지를 갖고 싶어 했던 중산층의 욕망과도 맞아떨어져 아파트 브랜드는 아파트의 품격을 나타내는 기준처럼 인식된다. 물론 단순히 이미지만 도입한 것은 아니었다. 분양가가 올라가는 만큼 아파트 시세도 같이 올랐고 좋은 자재와 지하 주차장, 지상 공원과 헬스장이나 수영장 등 커뮤니티 시설을 갖추고 있으니 사람들이 브랜드 아파트를 마다할 이유가 없었다.

　아파트의 브랜드 전쟁 덕분에 20년도 안 돼 많은 사람이 '부촌처럼 보이는 곳'에서 살게 되었다. 그러다 보니 수많은 아파트 브랜드가 난립하고 정말 부촌이 아닌 곳까지 '명품' 브랜드 유치에 성공하는 경우가 속출하자 브랜드 가치의 동반 하락 위험을 걱정한 건설사들은 남들보다 더 부자로 보이고 싶은 소비자의 욕망에 새로운 답을 줘야 했다. 기존 브랜드에 보조 브랜드 명칭(펫네임pet name)을 붙여 '캐슬', '카이저', '레전드', '피오레', '아인스', '자이언트', '클래식', '골드', '더 퍼스트', '프레스티지', '노블레스', '센트럴스카이' 등 온갖 고급스러운 영어 단어를 붙이기 시작한 것이다. 일부 아파트 단지에는 '베라힐즈', '블레스티지', '팰리스', '퍼스티지', '첼리투스' 등 정체불명의 이름을 덧붙이는 경우도 있다. 서울시 서초구 반포동에 있는 래미안 아파트에 '퍼스티지'라는 단어를 더해서 '반포 래미안 퍼스티지'라는 이름을 지었고, 동부이촌동의 렉스아파트를 재건축하여 지은 아파트에는 '래미안 첼리투스'라고 이름 붙였다. 이런 아파트의 분양 광고를 위해서 건설사와 광고 대행사는 "0.1퍼센트", "VVIP" 같은 고객의 마음을 흡족하게 할 신조어를 만들어 내야 했다.

　그런데 이런 브랜드 인플레이션 현상에 동참하기는커녕 무시한 동네가 있었다. 전통적으로 부자들이 사는 국내 최고의 부촌 아파트 이미지를 가지고 있는 압구정 현대아파트의 경우, 반대로 시공사 측에서 먼저 '압구정 아이파크'로 이름 변경을 제안했으나 주민 반대로 무산된다. '압구정 현대아파트'의 브랜드 가치가 더 높다고 판단한 것이다. 삼청동은 그들에겐 '서민들의 집'인 아파트를 받아들이지 않았고, 압구정동은 그들에겐 '요즘 서민들의 아파트'인 아이파크를 용납하지 않았다. '부촌' 분당 구민은 '서민 도시' 성남 시민과 구분되려 하고, '기품 있는' 청담 동민은 '돈만 많은' 강남 구민과 차이를 두고 싶어 한다. 신분과 구분의 역사는 러시아 인형 마트료시카처럼 이 지역에서 저 동네로 무한 복제되어 계속된다.

마찬가지로 벤츠를 타고 싶은 사람에게는 그냥 벤츠일지 몰라도 이미 벤츠를 타고 있는 사람들끼리는 소유한 모델 클래스에 의해 그 속에서 또 위계가 나뉜다. 이런 소비자의 심리를 잘 이해한 자동차 회사는 A, B, C, E, S, G, CLS, CLA, GLA, GLC, GLE, SLK, SL, AMG, GTA…… 클래스로 '충분히' 복잡하게 나누어 놓았다. 이것 외에도 카탈로그에 나오지 않는 주문형 모델도 있다. 상승할 수 있는 신분의 계단이 많을수록 신분제는 지속 가능해진다.

2부 보이지 않는 도시

6장

만남의 광장에서
누굴 만나는가

처음이었다. 나뿐 아니라 모두가 그랬다. 같은 색 옷을 입은 사람들이 시청 앞 교차로에 모여들자 평소에 이곳을 차지했던 자동차들은 인파를 피해 우회할 수밖에 없었고, 제각각의 맵시를 뽐내던 주변 건물들도 외관에 같은 색의 현수막을 내걸자 산만하고 거대한 공터가 아늑한 공간처럼 변했다. 평소에는 자동차 소음과 매연으로 가득한 신경질적인 도로였는데, 사람들이 몰려들어 그곳에 하나둘 앉기 시작하자 지금까지 경험하지 못한 묘한 분위기가 느껴졌다. 그리고 마침내 대형 화면 속에서 기다리던 태극 전사들의 골이 들어가자 사람들은 마치 전부터 서로 아는 사람처럼 끌어안고 함께 환호했다.

그곳은 광장이었다.

광장의 기억

처음 유럽 여행을 다녀온 한국인들이 여행 후에도 유독 오래 간직하는 기억이 있다. 오랫동안 고대했던 파리의 에펠탑이나 로마의 콜로세움은 막상 그 앞에서 찍은 사진으로 남을지언정 몇 달 지나면 사실 기억에 잘 남지 않는다. 그런데 뛰어놀던 아이들, 귀에 익은 곡을 연주하던 거리의 악사들, 남들이 보건 말건 분수 앞에서 키스를 나누던 젊은 연인들, 뭔가 중요하지도 않은 일인 것 같은데 서로 목소리를 높이던 동네 아저씨들……. 그 도시의 다양한 일상들이 생생하게 눈앞에 펼쳐졌던 광장에서 보낸 짧은 시간은 이상하게도 자꾸 떠오른다고 한다. 그렇다고 그 광장에 유명한 건물이나 에펠탑 같은 특별한 명소가 있었느냐 하면 그런 것도 아니다. 그냥 대부분 비슷비슷한 건물로 둘러싸인 엄밀히 따지자면 그냥 비어 있는 공터 아닌가. 그런데 이상하게도 그 광장의 한 카페 테라스에서 현지인들 틈에 둘러싸여 보냈던 그 짧은 시간은 그 어떤 유명한 성당이나 박물관보다 오래오래 뇌리에 남는다.

그러고 보면 유럽 각국에는 그 나라와 도시를 대표하는 유명한 광장이 많다. 로마의 성 베드로 광장, 베네치아의 산 마르코 광장, 파리의 콩코르드 광장, 베를린의 포츠담 광장은 그 도시하면 거의 동시에 연상될 정도로 그 나라의 상징이 되었다. 굳

△ 프랑스 파리 퐁피두센터 광장

▽ 이탈리아 시에나 캄포 광장

유럽의 큰 도시나 작은 도시나 도심 곳곳에 이렇게 다양한 사람들이 마음 편하게 휴식하고 시간을 보내는 광장이 많다. '더러운' 길바닥에 사람들이 모여 앉거나 심지어 드러눕게 하는 이 힘은 어디서 나오는 걸까?

이 이런 유명 광장이 아니더라도 유럽 대부분의 도시는 시청 광장이나 교회 광장처럼 어떤 큰 건물 앞에는 거의 예외 없이 이런 넓은 빈 공간이 있고, 그곳에는 많은 사람이 보인다. 가끔씩 유럽을 방문한 한국 지인들과 소도시 시내를 함께 걷다 보면 거짓말처럼 그들 대부분은 이런 혼잣말을 한다.

"유럽에는 천 명이 사는 조그만 도시에도 사람 가득한 광장이 있는데, 천만 명이 사는 서울에는 왜 이런 광장이 하나도 없는 거야?"

과연 그럴까? 가만 생각해 보면 우리에게도 분명 광장의 기억이 있다. 서울로 한정해 보면 1960~1970년대 수만 명이 모여 대통령 출마자의 연설을 듣던 여의도 광장, 1980년대 민주화를 향한 젊은 열정을 불태웠던 서울역 광장, 축구공 하나의 궤적을 수만 명이 함께 숨죽이고 지켜봤던 2002년의 시청 앞 광장, 역사상 처음으로 권력을 퇴진시켰던 '촛불'과 또 그 권력을 다시 복권시키고 싶었던 '태극기'의 광화문 광장까지, 한국인의 기억에 깊이 각인된 순간에는 항상 광장이라고 불리는 곳이 있었다. 하다못해 고속도로의 한 휴게소 이름까지 '만남의 광장'일 정도로 광장이라고 불리는 곳은 도시에 흔하게 있음에도 한국인은 유럽에서 경험한 사람 가득한 광장이 왜 한국에는 없는지 묻는다. 대체 유럽과 한국의 광장은 어떤 점이 다른 걸까?

광장廣場의 사전적 뜻은 '많은 사람이 모일 수 있게 거리에 만들어 놓은, 넓은 빈터'다. 광장이 재미있는 것은 어떤 건물처럼 처음부터 그렇게 만들기로 작정하고 만들어진 곳이 아니라는 사실이다. 도시가 성장하고 발전하는 과정에서 자연스럽게 생겨나고 남겨진 하나의 도시적 결과물이란 말이 사실에 더 가깝다. 이 말은 어떤 문화권에는 광장이 그 도시민의 생활 방식에 필요했고, 또 어떤 문화권에서는 그렇게 필요하지 않았다는 뜻이다. 그러므로 유럽에는 그 흔한 광장이 왜 한국에는 보기 힘든가 하는 질문에 대한 단서는, 유럽인은 왜 그렇게 많은 광장이 필요했고 한국인은 왜 광장에 대한 필요성을 그다지 느끼지 못했는지 살펴보면 많은 부분 이해가 된다. 한 문화권의 역사 속에 광장이 없었다는 사실은, 그 문화권은 많은 사람이 서로 모일 필요가 없었거나 무언가 다른 것이 그것을 대신했기 때문이라고 가정할 수 있다. 이에 대한 의미심장한 단서는 이 책의 8장에 상세히 언급될 '방'이란 공간에 강하게 결속된 우리의 '더불어 살이' 방식이다.

광장의 근원을 알아보기 위해 서구 광장의 역사적 기원이나 발전 과정 같은 서양 건축사의 큰 부분까지 설명할 필요는 없다. 그러나 여기서 주목해야 할 부분은 어떠한 경우라도 광장은 건물주나 지주 같은 개인이 만든 적이 없다는 점이다. 대부분은 왕이나 교황의 명에 의해 주교나 시장이 건설을 관할했다고 기록하고 있다. 말하자면 광장이라는 존재는 왕권이건 독재자건 혹은 종교의 이름이건 개개인의 영역 위에 있는 '권력'이 주도해 만들어 놓은 산물이라는 것이다. 개인이 자기 땅에 무언가를 지어 사익私益을 찾을 때 권력은 큰 땅에 아무것도 짓지 않는 것으로 그 위엄을 세웠다. 건물을 높이 짓는 것처럼, 건물을 지을 수 있는 비싼 땅에 아무것도 짓지 않는 것 또한 권력의 영역이라는 의미다.

역사라는 것은 논리만으로 설명되지 않는다. 지금은 민주주의와 소통의 장소로 인식되는 광장은, 바로 권력이 그 자신의 필요에 의해 건설한 장소라는 것이 바로 이 역사의 진짜 모습이다. 역사상 가장 짧은 기간 동안 가장 많은 광장을 만든 이가 바로 히틀러나 스탈린 같은 독재자라는 사실이 의미하는 바는 분명하다. 신권의 존엄성을 좀 더 크게 보이도록 하려고 당대의 모든 기술과 예술을 동원해 가장 높고 아름답게 만들어 낸 고딕 교회. 그 높고 아름다운 건물이 대중을 강렬하게 압도하도록 교회 앞은 아무것도 짓지 않고 빈 공간으로 놔뒀고 그것은 오늘날 도심의 중심, 사람들이 만나는 '광장'이란 이름으로 남았다. 숭고한 교황을 수천의 신도가 알현하기 위해 필요했던 곳은 성 베드로 성당이고, 영웅 나폴레옹의 전쟁 승리를 선전하기 위해 대규모 군중 동원을 위해 필요했던 큰 공간은 오늘날 전 세계에서 관광객이 가장 많이 모인다는 콩코르드 광장이 되었으며, 남북 대치 시절 적국에게 자신의 군사력을 과장해서 전시하기 위해 건립된 곳은 오늘날 여의도 광장으로 남았다. 왜 천 명도 안 사는 유럽의 조그만 도시에도 근사한 광장이 있는 지는 중세 교회의 지배력이 그 조그만 도시에도 그만큼 강력하게 미쳤다는 역사적 맥락과 이어진다. 그런데 황제의 전쟁 승리를 기념하기 위해, 우둔한 민중에게 전쟁의 필요성을 선동하기 위해, 누구도 도전할 수 없는 교회의 권력을 공고히 하기 위해 건립된 그 광장에서, 성경이 찢기고 왕의 참수가 일어나고 독재자의 동상이 무너졌다는 것 또한 광장을 둘러싼 진짜 역사의 아이러니였다.

길

"닭이 먼저냐 달걀이 먼저냐" 같은 질문은 바보 같긴 하지만 항상 수많은 논란을 일으킨다. 이런 식의 난센스 퀴즈를 도시에 적용하면 비슷한 질문이 "집이 먼저냐, 길이 먼저냐"다. 물론 길이 있어야 통행이 가능하고 그래야 집 짓는 것도 가능하니 길이 더 우선이지 않을까 생각할 수 있겠지만, 일단 집을 먼저 짓고 나중에 길을 연결하는 경우도 흔하다는 점에서 이 질문이 던지는 함의가 그리 간단할 것 같지는 않다.

한국은 국토의 70퍼센트가 산지인데다 평지의 대부분은 농경지에 내주고 남은 경사지에 집을 지어야 했다. 그래서 경사지 한편에 집을 지어 놓고 추후에 그 집들끼리 임의로 연결한 통행로가 시간이 지나 포장된 도로가 되었거나, 또는 평지에 자리한 마을의 경우 각자의 땅에 건물을 짓고 담장 두르고 '남은 땅'이 결과적으로 길이 되어 버렸다는 것이 핵심에 근접한 표현이다. 유럽처럼 길을 따라 건물이 늘어서는 '가로'는 한국의 전통적 도시 맥락에서 희귀한 것이었고, 한국인에게 길은 집과 집, 동네와 동네를 이어 주는 연결로에 가까웠다. 한국인이 잘 정비된 가로를 따라 건물이 들어서는 걸 처음 본 것은 수탈의 역사와 궤를 함께하는 20세기 초 일제 강점기의 '신작로'였다. 전기가 들어와 밤에도 컴컴하지 않고 비가 와도 질척해지지 않는 포장

도로변으로 건물이 줄지어 들어서고, 사람이 모이고 차가 지나다니는 도시적 '가로'는 한국의 긴 역사에서 비교적 최근에 외국에서 들어온 수입품에 해당한다.

한국의 길이 얼마나 모호한지는 유럽 도시의 경우와 비교해보면 금방 드러난다. 유럽의 도시 환경에서 길은 도시를 구성하는 기본 단위일 뿐 아니라 건물보다 절대 우위를 점한 공공재였다. 서구에는 길이 존재하지 않으면 건물도 존재하지 않는다. 공권력은 통행이 쉬운 포장도로를 만들고 그 아래에 상하수도·전기·통신 시설을 매설한 후에야 건물이 들어서는 것을 허용했으므로 건물들은 위생 걱정 없이 서로 밀집해 들어서면서 집합적으로 조직된 길, 즉 '가로街路'를 이루었다. 그런 점에서 도시의 탄생은 길road이 아닌 가로street가 열었다고 해도 과장이 아니다. 길을 단지 다른 지점 간의 연결로가 아닌, 도시라는 생태계를 구성하고 유지시킬 수 있는 뼈대와 신경계로 여긴 것이다. 그래서 시민들은 **건물이 가로의 종속 변수**라는 사실을 자연스럽게 받아들인다.

"길은 건물들을 이어주는 연결로"가 아니라 "건물이 가로를 구성하는 부속물"이라는 도시의 주체에 대한 관점 차이는 구체적인 사용상의 차이로 현실에 드러난다. 한국의 거리에는 자기 건물 앞 도로에 자신의 땅인 것처럼 주차한 차를 흔히 볼 수 있

한국 전통 마을의 전형을 보여 주는 안동 하회마을. 몇 개의 집이 모여 하나의 군집을 이루고, 그 군집들 사이에 남은 공간이 '결과적으로' 길이 되었다. 길은 누가 의도해 만든 게 아니라 각자의 필요에 의해 건물이 들어선 후 남은 차후의 결과물이다.

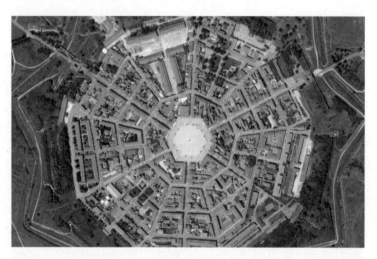

중세 시대 유럽인들이 생각한 이상 도시로 손꼽히는 이탈리아의 팔마노바Palmanova. 기하학에 입각한 방사형 구조의 길에 따라 건물이 부속품처럼 들어서 있다. 건축가는 효율적이고 유기적인 도시를 상상했고, 바로 그 길을 통해 그것을 구현하려 했다. 그래서 서구 역사에서 건축가는 흔히 세계의 창조자로 비유된다.

21세기 서울 구도심의 전형적인 도시 구조. 단지라는 이름으로 아파트가 군집을 이루고, 그 군집 사이를 둘러 도로가 '났다'. 각각의 아파트는 도로가 요구하는 논리를 따르지 않는다. 향이나 시야 같은 자신만의 필요에 따라 건물이 자리 잡고, 남은 공간이 길과 주차장이 되었다. 비교할 수 없을 정도로 규모는 커졌지만 전통적인 마을과 논리적으로는 다른 것이 없다.

서울과 마찬가지로 제2차 세계대전 때 도시의 대부분이 파괴되어 새로이 재건된 프랑스 노르망디의 르아브르Le Havre 중심지. 건물이 세워지기 전에 누군가가 길과 공원의 모양을 먼저 정해 두었음이 확연히 드러난다. 길은 철저한 도시적 질서 체계를 만들고 있고, 모든 건물은 도로에 접해 그 논리에 귀속되어 있다. 길이 서향인데 건물은 남향인 경우는 없다. 한국의 아파트가 자신의 필요에 따라 자신의 영역 (여기서는 단지) 내에서 남향으로 돌아선 것과는 확연히 다르다. 상황이 이러니 한국인이 기피하는 북향 건물이 이곳에는 흔하게 존재한다.

다. 또한 인도에 가판이나 간이 테이블 같은 것을 내어놓고 자신의 공간처럼 사용하기도 한다. 이런 광경은 서구에선 상상하기 힘들다. 자기 건물 앞이라고 해도 도로는 건물의 소유가 아니기 때문에 무단 점거로 과태료를 부과당하거나 강제 철거당할 게 뻔하기 때문이다. 파리의 경우 도로가 넓지 않음에도 카페와 레스토랑만이 별도의 허가를 받아 보도에 테라스를 설치할 수 있게 허용하는데, 노천카페가 도심 분위기를 밝고 활기차게 만들어 주는 공적 역할을 하기 때문에 통행의 병목 현상에도 예외적으로 허용한다. 그 외에는 상점 문을 나서면 예외없이 철저한 공공 도로다. 내 땅과 공공 영역 사이의 구분에 조금의 모호함도 없다. 반면 한국의 경우 내 건물 앞 도로도 내가 사용할 수 있는 곳이라고 생각하는 경향이 강하다. 그래서 아침이면 가게 앞길을 청소하는 상점 주인을 흔히 볼 수 있다. 자기 땅이라는 애정이 없으면 그런 수고를 하지 않을 것이다. 그러고 나서 가판을 설치하고 테이블과 의자를 내어놓는다. 그리고 자기 손님만 차를 댈 수 있도록 주차 금지 푯말을 도로에 놓아둔다. 만약 가게에 들어오지도 않을 거면서 그 가게 앞에 잠시 주차라도 한다면 왜 남의 가게 앞에 차를 대느냐는 주인장의 쉰소리를 각오해야 할 것이다. 자기 가게 앞의 도로를 왜 자신만 사용할 수 있는지 어떤 법적 근거도 없지만 모두가 당연한 것처럼 받아들인다.

서울(△)과 파리(▽)의 평범한 이면도로를 비교해 보면 우리가 길을 어떻게 생각하는지 잘 나타난다. 서울의 많은 길에 공과 사, 차와 사람의 구분이 희박하다. 통행을 위한 도로인지, 건물을 위한 주차장인지, 가게를 위한 야외 공간인지 명확하지 않다. 사람들이 눈치껏 사용하고 있지만, 모든 것이 모호하니 사람들끼리 서로 얼굴 붉혀야 하는 일도 흔하다. '가게 앞 주차 금지'라는 신경질적인 경고는 사실 아무런 법적 근거가 없다.

한국의 길은 도시가 생길 때부터 도시 좌표로서 그리고 도시 신경계로서 그 위상을 부여받아 본 적이 없다. 길은 건물의 연결로였고, 담으로 둘러싸인 영역들 간의 완충 공간이었다. 사람들도 법적으로 통행에 할애된 도로인 줄 알면서도 우리 집과 다른 집 사이에 있는 '공터'로 받아들였다. 평상도 내어놓고 고추도 말리는 광경을 아직도 도시 변두리나 시골에서 흔히 볼 수 있는 이유다. 그래서인지 공권력도 차가 막힘없이 다닐 수 있게 하고, 무허가 포장마차를 단속하고, 낙엽과 쓰레기를 치우는 것으로 길에 대한 책임을 다한 것으로 알았다. 재미있는 것은 건물 사용인들이 너무 당연하게 건물 앞길을 전용하고 있지만, 그곳의 도로 포장, 배수 시설, 가로등 설치는 물론이고 청소나 보수를 위한 비용은 단 한 번도 지불한 적이 없다는 사실을 인지하는 시민은 드물다는 것이다.

그것이 옳건 그르건, 한국의 길은 엄격한 도시 연결 체계이기보다는 영역들 간의 완충 공간으로 여겨진 도시적 습관이 지배하다 보니 서구와는 다른 독특한 도시 문화가 발전하게 된다. 보차步車분리를 철저히 하고 도로 시스템을 발전시켜 통행과 도시 서비스를 최적화한 서구의 도로에 비해, 한국의 도로는 통행은 물론이고 상업, 휴식, 오락 등의 여러 기능이 공존하는 일종의 '도시적 공터'가 된 것이다. 시골 장터도, 마을 잔치도, 동네 씨름 대회도 길에서 열렸고, 금메달을 딴 국가의 영웅

한국의 건축 법규는 도로(인도도 도로의 일부다)에서 최소 몇 미터라도 건물을 띄어 짓게 강제하기 때문에 건물 앞에는 항상 애매한 자투리 공간이 생긴다. 그리고 이곳은 여지없이 상점들의 간판이나 입간판 차지가 되고, 업소 앞의 도로는 가게를 위한 개인 주차장으로 인식된다. 법적으로는 분명 공공의 통행을 위한 도로지만, 가게 입장에서 보면 자기가 사용할 수 있는 (반)사유지다.

차, 자전거, 보행자, 포장마차, 상점이 함께 알아서 공존하는 한국인의 공터이자 광장인 길. 길은 지금도 도시 곳곳에 살아 있다. 굳이 외국인이 이상하다고 지적하기 전에는 이런 모습에 의문을 갖는 한국인은 드물다.

도 길에서 맞이했다. 길 한구석을 차지한 평상은 길을 동네 어른들의 사랑방으로 만들었고, 아이들은 길에서 공을 차고 놀았다. 홍대 앞의 길거리 공연도 말 그대로 길에서 벌어진다. 그래서 **한국의 길은 또한 광장**이기도 하다. 점점 차가 늘어나고 차 세울 곳이 모자라지자 결국 인도까지 점령한 자동차에 밀려서 사람들은 점점 실내로 쫓겨 들어가고 있지만, 아직도 한국인은 길을 단순한 통행 용도로 여기지 않는 것은 확실하다. 길과 광장의 구분이 명확하지 않은 이유는 한국의 모호한 길이 의외로 유럽의 광장이 하는 기능을 상당 부분 담당하고 있기 때문이다.

광장의 조건

서울의 대표적인 광장인 광화문 광장이나 시청 앞 광장을 인근 건물에서 유심히 관찰해 보면, 주위 건물의 모양이나 광장의 형태 같은 조형적인 차이 말고도 유럽의 광장과 뭔가 크게 다르다는 것을 발견할 수 있다. 그 차이점은 그 속에 있는 대부분의 사람이 '움직이고 있다'는 것이다. 유럽 광장에서처럼 카페 테라스에 앉아 신문을 읽는 사람이나 분수대 앞 계단에 앉아 아이스크림을 먹는 연인들, 놀이하는 아이들, 길거리 공연자 주위로 모여 있는 군중같이 머물러 있는 이들을 찾아보기 힘들다. 그곳에 있는 모든 사람이 마치 도로 위에서처럼 어딘가로 이동 중이다. 유일한 예외가 집회나 시위처럼 바라볼 단상이나 무대가 마련될 때 또는 전시가 열릴 때인데, 광화문 광장에 가장 많은 사람이 모인 것으로 기록된 2016년 촛불집회에서도 무대 앞에 앉아 있는 시민들 외에 많은 사람이 계속 광장 주위를 서성거렸다. 분명히 '광장'이라는 곳에 있는데, '길'에서처럼 계속 움직이고 있는 것이다. 이름은 광장인데 사람들은 길처럼 받아들인다.

조선 시대 육조거리는 해방이 되자 16차선의 거대 차로인 세종로가 되었고, 2009년 도로 한가운데에 폭 34미터, 길이 227미터의 넓은 보행로를 설치하는 재정비를 거쳐 '광화문 광장'이라는 새로운 이름으로 개장했고, 또다시 2020년 서울시는 4년간의 준비와 3백 회가 넘는 공청회와 의견 수렴 기간을 거쳐 세종문화회관 쪽 인도를 넓히는 방식으로 광화문 광장의 재정비를 알렸다. 이곳의 정체성이 거리→ 도로→ 광장으로 변해 온 셈이다.

광화문 광장이 광장보다는 넓은 거리나 공터로 느껴지는 이유는, 놀랍게도 광장 그 자체보다는 앞에서 살펴본 길과 깊은 관련이 있다. 유럽이 길을 도시적 '가로'로 만들 수 있었던 이유는, 건물이 길에 종속됐기 때문이다. 처음부터 주차 공간도 건물 지하와 정해진 차도 변으로 제한했고, 보차분리도 엄격하게 해서 걷는 사람이 불편하지 않게 했다. 길가에 면한 건물의 입면은 시청의 까다로운 심의를 통과하지 않으면 마음대로 짓지도 바꾸지도 못했다. 하다못해 오래된 창호나 발코니의 난간 하나를 교체하기 위해서도 원래 설계되고 허가된 색과 형태를 지키는지 일일이 당국의 확인을 받아야 할 지경이었다. 자기 건물이 오래되어 입면이 노화되거나 오염되어 도시 미관에 해가 되면 시청에서 날아드는 청소 독촉장을 받아야 했다. 시민이 그런 수고를 감수하는 논리는 간단하다. **건물의 입면이 가로를 만드는 삼면 중에 두 면을 차지**하기 때문이다. 내가 짓고 내가 사용하는 건물의 입면이지만, 그것이 가로를 구성하기 때문에 내 것이 아니라는 이 놀라운 발상(이 말을 들은 한국 사람은 곧바로 사회주의, 공산주의를 떠올린다)을 자연스럽게 받아들이는

구한 말 육조거리. 백 년 전 육조거리는 분명 '거리'였는데, '광장'에 더 가까운 느낌이다.

광화문 광장 조감도. 2021년 또다시 재정비하는 광화문 광장은 분명 '광장'이라고 불리고 싶어 하는데, '거리'
에 더 가까운 느낌이다.

유럽인의 도시관 덕에, 모든 건물이 자신의 이익을 조금씩 손해 보면서 굳이 비용을 들여 길의 배경이 되었고, 누구나 기분 좋게 걸어 다닐 수 있는 우리(내가 아닌)의 가로가 될 수 있었다. 그런데 광장은 가로보다 훨씬 적극적인 (그를 둘러싼 건물들의) 참여와 희생을 요구한다. 광장이 실질적인 광장으로 작용하려면 다음의 최소 조건이 충족돼야 한다.

 - 비어 있는 도시적 '공터'를 향해 개개의 건물은 자신이 돋보이고 싶은 이기심을 내려놓고, 높이와 형태를 주위 건물과 연합해야 한다. 통일성과 일관성이 부족하면 그 공터로 구심력이 생기지 않는다.

 - 광장에 접한 건물의 1층에 식당이나 상점 등을 입주시켜 사람들이 자유롭게 그 건물에 출입할 수 있어야 한다. 법적 분류는 미술관이나 관공서가 공공 건축이지만, 도시적으로는 문화회관의 홀이나 박물관의 입구보다 상업적인 카페나 식당이 더 공공적이다. 그 상업 공간 덕분에 건물과 도로가 실제로 연결되기 때문이다.

 - 건물의 상층은 발코니나 로지아˙ 또는 투명한 창을 설치해

• 전망을 위해 건물 외부로 내어 지은 구조체가 발코니고, 내부로 들여 지은 것은 로지아라고 한다.

파리의 오래된 길. 고풍스러운 돌길에 건물들은 도로와 비슷한 색깔과 질감의 입면으로 지었고, 모두가 힘을 합해서 화초를 길렀다. 길은 우리의 가로고 우리 동네의 일부다.

서울 신사동의 가로수 길. 서울 시민이 이 길을 좋아하고 걷고 싶어 하는 가장 큰 이유는 여기에 오면 희한하게 '분위기가 좋아서'다. 그런 분위기를 만든 주인공은 바로 길 이름이 말해 주듯 가로수들이다. 제각각인 건물 입면과 간판을 160그루의 은행나무가 나름 정리하고 있는 셈이다. 개별성과 이기성이 지배하는 한국의 가로 환경 속에서 (비록 건물이 아니라 가로수가 했지만) 가로의 수직 두 면이 일관성과 연속성을 가질 때 어떤 결과가 나오는지 보여 주는 (우연하고) 드문 예다.

광장을 내려다볼 수 있어야 한다. 광장에 머무는 사람과 건물에 있는 사람들의 시야가 자연스럽게 서로 교차돼 어두운 저녁에도 주위에 사람이 있는 것 같은 안정감을 준다. 광장은 항상 사람이 가득한 곳이라는 인상을 주는 이유다. 주위에 아무도 없는 것 같은 적막감은 어두움이 찾아오면 두려움이 된다.

– 인접 건물 저층부의 아케이드*나 캐노피*는 광장에 들르는 시민을 위한 기능적이고 심리적인 도시 장치다. 그 덕에 시민은 뜨거운 태양이나 갑작스러운 소나기를 잠시라도 피할 수 있고, 광장이 자신을 보호한다는 느낌을 갖는다.

– 뜨거운 여름 햇빛에 눈이 부시지 않으면서도 때나 물이 고이지 않는 바닥 재료로 시각·촉각적 안정감을 주지 않으면 사람들은 바닥에 앉으려 하지 않을 것이다. 콘크리트와 아스팔트 바닥은 이런 감성을 주지 못하는 재료다.

– 자동차로부터 완벽하게 분리된 안전한 곳이라는 신뢰가 없으면 부모는 아이들을 뛰어놀게 내버려 두지 않을 것이다.

• 보통 양편에 상점이 있는 아치형 지붕이 설치된 통로. 건물 1층을 안쪽으로 들여지어 보행인이 비를 맞지 않고 걸을 수 있는 회랑 같은 공간이다.
▪ 건물의 현관이나 창문에 비나 태양이 들이치지 않도록 지붕이나 차양처럼 돌출된 덮개를 지칭한다.

파리의 중심 시테섬Île de la Cité에 위치한 도핀 광장Place Dauphine. 17세기부터 수세기 동안 이곳에 점차적으로 들어선 건물들은 광장의 분위기에 동화되기 위해, 돋보이거나 멋지게 보이고 싶은 마음을 절제하고 형태와 재료를 비슷하게 맞추었다. 덕분에 차분하고 집중된 분위기의 공동 공간이 되었고, 주민들은 그곳의 벤치에 앉아 이웃을 만나고 산책을 즐긴다.

사람과 자동차는 한곳에 공존이 불가능한 관계다. 사자가 어슬렁거리는 벌판에 새끼 양을 맘 편히 풀 뜯게 놔둘 어미 양은 없는 것과 같은 이치다.

이렇게 광장은 보도를 어느 위치에 두는지 정도로 좌우되지 않는 도시의 고차 방정식이다. 그 방정식은 바닥의 모양과 형태에 한정된 일차원적 수식만으로 풀리지 않을 게 분명하다. 마치 서로 바라보고 서로 바라보이는 입체적인 극장을 만드는 것 같은 복잡하고 섬세한, 더군다나 개별 건물이 아닌 집합적인 도시 공간에 관한 연금술인 것이다. 길이 바닥을 포함한 수직적인 두 면을 포함할 때 비로소 가로가 된 것처럼, 광장은 바닥을 포함한 나머지 사면의 수직면 즉, 주위를 둘러싼 건물의 개입과 참여가 없으면 애초부터 불가능하다. 아무리 바닥 면에 보행로를 크게 만들고 분수와 동상을 세우고 광장이라 우겨도, 시민은 큰 공터나 길의 한 종류로 받아들일 뿐 아무도 그곳에 앉아 누군가를 만나거나 쉬려고 하지 않을 것이다. 길처럼, 머물지 못하고 하나의 여정처럼 지나쳐 가는 공간이 되는 것이다.

광화문 광장을 다시 자세히 보자. 광화문 서쪽으로 정부 서울청사, 외교부 청사와 세종로공원, 세종문화회관, 현대해상빌딩, 세광빌딩이 있고, 동쪽으로 역사박물관, 주한 미국 대사관, KT빌딩, 교보생명빌딩이 광장을 둘러싸고 있다. 북쪽으로는 인왕산과 북악산을 배경으로 한 광화문이, 남쪽으로는 세종로가 시청 쪽으로 이어진다. 서울의 상징과도 같고 역사성도 가득한 북쪽 면은 이곳이 멋진 광장이 될 수 있는 좋은 출발점이다. 그런데 관공서, 대사관, 공연장으로 이어지는 공공건물들은 광장과의 대화를 철저히 거부하고 기단과 철제 담을 세워 길과의 단절을 선택했다. 그나마 세종문화회관 한편에 계단이라도 있어 사람들이 잠깐 앉아 광장을 바라볼 수 있는 것이 다행이라고 위안해야 할 정도다. 경찰 버스가 24시간 진을 치고 있는 주한 미국 대사관은 광장과 대화는커녕 도시 속의 철옹성이 되기로 한 결심을 바꿀 생각이 없어 보인다. 그나마 있는 기업빌딩도 광장(건립 당시 세종로)에 억한 감정이 있는지 석재와 반사 재질의 피부로 속 모습을 감췄다. 그리고 건물 안에서는 광장을 내려다봐도 광장에서는 자신의 속 모습이 보이지 않게 선팅을 했다. 6백 미터가 넘는 길이에 그나마 사람들이 누구의 허락도 받지 않고 드나들 만한 곳은 (하필이면 외국계) 프랜차이즈 커피숍 두 군데뿐이다. 물론 테라스나 데크 같은 야외 공간은 허락되지 않아 그곳마저도 어두운 실내로 들어가야 한다. 모든 건물이 서울에서 가장 중요한 위치에 있는 지정학적 장점을 누리면서도 자신이 자리 잡은 도로와 광장에 대해서는 어떤 기여도 하지 않기로 결정한 이상 광화문 '거리'가 광화문 '광장'이 되기는 애초부터 불가능한 도전이었다. 새로 만들어질 광화문 광장에도 길에서처럼 사람들은 계속 움직이고만 있을 것이다.

한국적 광장

건축의 공공성보다는 개인성이 득세하는 한국의 도시 환경에서 어느 날 갑자기 유럽 같은 광장을 기대하는 것은 가능하지도 않고 그럴 필요도 없다. 그것이 좋건 나쁘건 광장의 많은 기능을 길이 대신해 온 우리의 도시 전통 때문에도 그렇고, 어느 날 갑자기 인근 건물의 입면을 전부 바꾸도록 강제할 수도 없기 때문이다. 그러나 2002년 월드컵 응원과 2016년 촛불집회의 추억은 한국인에게 모여서 무엇인가를 함께하는 즐거움과 필요성을 충분히 각인시켰기 때문에 광장 같은 공동체 공간에 대한 갈증은 지속될 것이고, 유권자의 욕망을 느낀 정치권과 도시 당국은 그럴수록 바닥 포장을 바꾸고 잔디를 깔고 가로수를 심는 식으로 자신의 존재 가치를 증명하려 할 것이다. 그 수많은 노력은 결국 계속해서 큰길과 공터를 만드는 결과로 되풀이되고, 한국인은 유럽에서 본 인간적이고 포근한 광장을 계속 동경할 것이다.

한국의 건축가들은 시민과 당국 사이에 끼어 불가능한 사투를 벌인다. 다섯 개의 면에 개입해야 풀릴까 말까 한 문제에 단 하나의 면만 바꿔 광장을 만들어 달라는 당국의 요구에 그래도 전문가니 무슨 해법이라도 내놓기 위해 머리를 쥐어뜯는다. 어차피 도시 맥락이 다르기 때문에 유럽식 광장을 만들기는 무리

임을 알면서도 이탈리아 시에나의 캄포 광장, 베네치아의 산 마르코 광장 같은 이상향을 마음속에 묻고 현실적인 한계 앞에서 절망한다. 한국적인 광장은 과연 불가능할까?

 2002년 광장의 열기로 행복한 열병을 앓았던 시민들의 욕망을 정치인의 민감한 후각은 단번에 알아챘고, 얼마 후 서울시는 시청 앞 광장을 도심 광장으로 만들기로 결정했다. 건축가들에게 아이디어를 요구했고 '빛의 광장'이라는 이름으로 건축가 서현의 안이 당선됐는데, 2천 개가 넘는 LCD 모니터를 바닥에 설치해서 갖가지 시각 정보와 야간 조명 역할까지 할 수 있게 한 다소 생소한 계획안이었다. 벽돌이나 석재로 바닥 포장을 하고, 잔디와 가로수도 적당히 배치된 전통적인 광장을 생각했던 사람들은 이 낯선 제안에 당혹해했고 거센 비판을 쏟아냈다. 그 많은 모니터를 몇 년마다 교체할 거냐는 그나마 현실성 있는 문제 제기부터, 고궁 주위에 첨단 광장이 웬 말이냐, 모니터 유리가 미끄러워 비 오면 사람이 넘어진다, 눈 오면 모니터 안에 습기가 찬다 등등 상상 가능한 모든 불평이 여기저기서 터져 나오자 불도저라는 별명을 갖고 있던 당시 시장은 당선작을 일언지하에 취소하고 간단하게 잔디를 까는 것으로 그 난리 법석을 평정한다. 세계에서 유일한 잔디 광장의 탄생이었다(잔디는 공원에 쓰는 바닥 재료다).

20여 년이 흐르고 그 소란도 그렇게 시민들의 기억에서 희미해졌지만, 여기서 그 안을 다시 소환한 이유는 한국적 광장의 새로운 가능성을 발견할 수 있는 중요한 단서가 숨겨져 있기 때문이다. 물론 가장 이상적인 방법이야 광장을 둘러싼 모든 건물의 입면을 서로 조화되게 뜯어고치고, 차량의 흐름을 막아 우회시켜 완벽한 보행 공간으로 만들고, 전체 건물의 지상부에 사람을 불러 모으는 카페와 상점을 설치하면 멋진 광장이 되겠지만 현실에서는 가능하지 않으니 논외로 하자. '빛의 광장'이 흥미로운 지점은 개입할 수 없는 주위 건물들의 사면은 어쩔 수 없다 치더라고, 개입이 가능한 광장의 바닥 면에 새로운 차원을 부여했다는 점이다. 그래서 그 일차원적 바닥 면에 복합적인 공간 깊이와 이야기가 생겼고, 이를 통해 전혀 다른 차원 경험이 가능해지는 것이다.

건축가가 아닌 이상 광장에서 바닥에 주의를 기울이는 사람은 없다. 보통은 주위를 둘러싼 분위기에 정신이 팔리기 마련이다. 그런데 바닥에 설치된 모니터는 그 공간에 들어선 사람들의 시선을 바닥으로 끌어당긴다. 주위를 둘러싼 환경은 비록 제각각이라 일관성이 없고 혼란스럽더라도 일단 그 장소 내부 가까운 곳에 시선을 두기 시작하면 멀리 있는 것들은 당사자의 주위에서 멀어진다. 그러는 사이에 자신도 모르게 그 장소에 집중하고 스며들게 된다. 그 결과 공간은 **내 몸이 직접 체험하는** 경

빛의 광장 계획안 ▷

험적 장소가 된다. 이른바 '장소성'이 발생하는 것이다. 공간을 다루는 연금술은 공간의 모든 면을 막아도 사방이 열린 것처럼 느껴지게 할 수 있고, 모든 면을 다 열어도 꽉 찼다는 느낌을 줄 수 있을 정도로 오묘하고 미묘한 과정이다. 제각각의 건물과 사방으로 열린 주위 환경 때문에 집중이 되지 않는 한국 도시의 맥락적 한계에도, 바닥 면의 존재를 증폭하여 광장 내부로 집중되는 구심적인 분위기와 장소성을 강화하려고 했던 '빛의 광장' 계획안은 오늘의 한국 건축가와 도시 당국에게 흔치 않은 영감을 준다.

7장

왜 우리는
높은 건물에 열광할까

- 1970년 뉴욕의 시그램Seagram 빌딩을 꼭 닮은 삼일빌딩이 청계천로에 지어지자 우리도 미국처럼 현대적인 빌딩을 가졌다는 자긍심이 <대한늬우스>를 가득 채웠다.

- 1985년 서울 여의도에 63빌딩이 세워지자 아시아에서 가장 높은 빌딩을 보유하게 됐다며 한국인들은 한강 위에 며칠 동안 불꽃을 터트렸다.

- 2009년 아랍에미리트 두바이에 부르즈 할리파Burj Khalifa가 세계 최고의 높이로, 그것도 한국 기업의 시공으로 지어지자 한국의 언론은 마치 자기 일처럼 흥분하고 뿌듯해했다.

- 2016년 온갖 구설수에도 123층의 롯데월드타워가 잠실에 세워지자 많은 한국인은 실제로 이렇게 말했다.

"자! 우리도 이제 선진국이 됐다."

산지미냐노

이탈리아 중서부의 토스카나 지방은 목가적인 풍경과 역사, 예술이 가득한 문화유산으로 매년 전 세계의 많은 관광객을 불러모은다. 피렌체와 시에나의 중간, 외딴 산속 골짜기에 숨어 있는 것처럼 자리한 작은 도시 산지미냐노San Gimignano는 토스카나에 있는 여러 매력적인 소도시 중에서도 특별한 곳이다. 세계 도시 역사에서 본 적이 없는 건설 전쟁이 일어난 곳이기 때문이다.

처음에는 옆집보다 지붕을 조금 높이는 정도였다. 이웃에 대한 아주 소소한 시기심과 경쟁심의 발로였지만, 그 정도야 여느 도시에서 볼 수 있는 흔한 일이었다. 포도주나 향료 재배가 발전하고, 피렌체 등의 인근 도시국가와의 상업으로 돈을 버는 부자들이 생겨나자 활기가 넘치던 도시의 분위기가 이상한 방향으로 바뀌기 시작한 것은 특별한 계기가 있어서가 아니었다. 몇년 사이 꽤 많은 돈을 번 한 가문이 경쟁 관계에 있던 다른 집보다 집을 한층 높이 지어 올리자, 상대 집뿐 아니라 비슷한 처지에 있던 다른 부자들의 시기심이 경쟁심으로 폭발한 것이다. 한층, 두 층 서로 더 올리기 시작하더니 결국 자존심을 건 (소모적인) 경쟁이 시작된다. 인구 몇천의 조그만 소도시에서 거의 모든 집이 참전하게 되는 사상 초유의 건설 전쟁이 벌어진 것이다.

14세기 건설 기술은 돌과 벽돌을 진흙에 괴어 쌓는 것이 전부였다. 지금처럼 콘크리트나 철골로 짓는 법을 알지 못했다. 좁은 땅에 지상부터 돌을 쌓아 수십 미터 높이로 올리기 위해서는 벽이 두꺼워야 했고, 창도 낼 수 없었기에 그 내부에는 아무도 살지 못하는 공간이었다. 하지만 경쟁이 격해지자 그런 건 중요한 것이 아니었다. 이웃집이 내 건물을 추월하면 어떻게라도 돌을 더 높이 쌓아 상대의 집보다 높아야 하는 자존심 싸움으로 번졌고, 결국 아무 쓸모도 없는 72개의 고층 타워가 조그만 산골 마을을 점령한다. 인간의 시기심과 경쟁심이 일으킨 이 광기의 경쟁은 결국 인명 사고를 동반한 한 건물의 붕괴 사고 이후에야 진정된다. 그 후 도시 내의 어떤 건물도 산지미냐노 시청보다 높이 짓지 못한다는 규칙이 정해졌고, 세계 최초의 고도 제한법의 원형이 여기서 탄생하게 된다.[4] 그리고 그 후 여러 유럽의 대도시가 특정 건물을 기준으로 건물의 높이를 제한하는 데 영감을 준다. 우연이었는지 이 일이 있고 얼마 되지 않아 도시를 덮친 전염병(페스트)이 당시 인구의 3분의 2를 몰살시켰고, 쇠락을 거듭하던 이 도시국가는 급기야 자치권마저 잃고 피렌체 시국의 속국으로 편입되면서 날개 없는 추락을 하게 된다. 내부에 아무도 살지 않는 타워는 무너지거나 철거됐고, 사람들은 도시를 떠났으며, 토스카나에서 가장 가난한 도시로 전락하고 만다. 그리고 경제 활동이 멈춘 이 도시에 그 후 수세기 동안 유럽을 휩쓴 르네상스와 고딕 같은 양식의 새로운

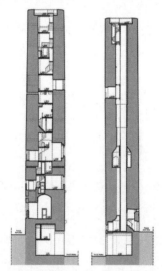

현재 산지미냐노에 남아 있는 타워 14개 중 가장 높은 두 건물의 단면도. 50미터 가까이 되는 높이지만 내부는 두꺼운 벽과 아무런 쓸모없는 굴뚝 같은 좁은 수직 통로로만 되어 있다.

남겨진 14개의 석재 타워가 스카이라인을 지배하고 있는 오늘날의 산지미냐노

건축물은 더 이상 세워지지 않았다.

72개 중 지금은 14개만 남은 낡은 타워가 수백 년 전 인간의 경쟁심이 건축으로 폭발한 광기의 시간을 나지막이 증언하고 있을 뿐이다. 아이러니하게도 이런 극적인 쇠락 때문에 14세기 모습을 지금도 그대로 간직하게 된 이 도시는 (도시 전체가 유네스코 문화유산이기도 하다) 그 속사정을 알지 못하는 여행자의 눈에는 더없이 고풍스럽고 신비롭기만 하다.

맨해튼

인간이 건물을 높이 짓는 것으로 자신의 부와 권력을 드러내려 했던 시도들은 사실 유구할 정도로 역사가 깊다. 하늘에 닿고 싶었던 인간의 끝없는 욕망을 대변하는 바벨탑뿐 아니라, 권력을 드러내야 하는 대부분의 건물은 높고 웅장해야 했다. 높은 건물을 짓는다는 것은 상상할 수 없는 재화와 인력이 필요한 일이고, 일단 지어 놓으면 그 상징성은 강력할 뿐 아니라 영구적이었다. 이 상징적 지위를 획득하면 사람들은 복종했고, 따라서 권력이 안정됐다. 그래서 왕이 다스리는 도시끼리, 주교가 다스리는 지역끼리 더 높고 웅장한 왕궁이나 교회를 세우기 위해 경쟁했다. 중세까지 소수의 권력만이 이런 거대 상징 만들기가 가능했으나, 근대에 들어 제조업과 상업이 발달하면서 부를 축적한 '일반인'이 생겨났고 그들도 과거 왕과 주교가 누리던 상징적인 지위를 탐하기 시작했다.

19세기가 되자 드디어 반전의 기회가 찾아왔다. 건물을 짓는 방식이 바뀐 것이다. 돌과 벽돌로 쌓아 올리던 건물을 콘크리트와 철골로 조립하는 시대가 온 것이다. 이 변화에 신대륙의 새로운 권력자들이 먼저 반응했다. 수십 세기 동안 다양한 형식의 조적조 시대를 주도한 구대륙 유럽이 자기 역사의 중력 때문에 자신이 발명한 새로운 건설 기술을 대수롭지 않게 여기는 사이,

자신들의 문화적 뿌리인 유럽에 대한 열등감에 사로잡혀 있던 아메리카 이주민들은 전 세대의 고집이나 저항 없이 이 새로운 건설 기술을 쉽게 받아들여 발전시킬 수 있는, 상대적으로 자유로운 위치에 있었다. 그리고 주머니가 두둑해진 신흥 부자들과 이 신기술이 허드슨강 하구 59제곱킬로미터에 불과한 조그만 섬에서 만나게 된다. 인류 최초의 현대적 고층 도시 '맨해튼'의 탄생이다.

1890년 10층 정도였던 건물 높이가 건물들 간 경쟁이 본격화되자 1910년 50층, 1930년 70층으로 급격하게 늘어나더니 1931년 드디어 100층 고지에 다다른다. 그즈음 건물에 '하늘에 닿는 높은 건물'이란 뜻의 마천루摩天樓라는 이름이 붙여진다. 세계 최고층이라는 기술적 패권자의 명예와 프랑스에서 건너온 미적 증표인 아르데코 양식을 외관에 입힌 그 유명한 '엠파이어 스테이트 빌딩Empire State Building'이 대표적인 마천루다. 대부분의 문서들은 이 짧은 기간에 올린 층의 높이를 인류가 중력과 기술의 한계를 극복한 승리의 역사로 기록하고 있다. 그러나 놀랍게도(혹은 당연하게도), 그 경쟁이 편법과 선동으로 가득한 비열한 역사이기도 하다는 점은 그 어떤 문서도 밝히지 않는다. 경쟁 건물보다 1미터라도 높이기 위해 사람이 살지 못하는 첨탑이나 송신탑을 꼭대기에 올려 건물 높이에 더하기도 했고, 비슷한 시기 건설 중인 다른 타워가 완성되기를 시간을 끌며 기다렸다가 마지막에 설계 변경을 해 그것보다 조금 더 높게 완공하는 눈치 싸움을 벌이기도 했다. 트럼프 타워라고 불리는 '40 월스트리트40 Wall Street 빌딩'(1930년 완공)은 단 2개월 동안 세계 최고층 마천루 영예를 획득하기 위해 처음 계획보다 3층을 추가해 71층까지 올려야 했다.

뉴욕의 건축가들은 도시의 적정한 밀도나 지속 가능한 규모 따위에는 눈을 질끈 감은 채, 시민의 집합적 욕망을 부채질하는 이론, 책략, 위장법을 제공해 일거리를 보장받았고, 마천루들끼리 강박적으로 경쟁하도록 유혹적인 요소들을 개발하여 대중을 '높이 경쟁'에 몰두한, 미인대회의 관중과 심사위원으로 만들어 버렸다.5 도시는 아무도 '도대체 왜, 그리고 누구를 위해'라는 자문을 하지 않는 전대미문의 집단 최면 상태에 빠져 맹목적인 높이 경쟁에 몰두했고, 맨해튼은 서로 너무 밀집해 햇빛도 들지 않는 수천 개의 유리 상자를 보유하게 되었다. 그리고 저층에 살고 있는 대부분의 시민은 자신의 집은 점점 어둡고 황량해진다는 사실은 잊은 채, 길 건너 하늘을 향해 올라가는 다른 건물의 꼭대기만 바라보게 되었다.

6백 년 전 산지미냐노가 마지막 타워를 지었던 다음 해 페스트가 덮친 것을 목격했듯, 운명의 장난인지 100층이 넘는 빌딩이 완공되자마자 세계 대공황이 찾아왔고, 챔피언 타이

엠파이어 스테이트 빌딩. 사람들의 시선은 당연한 듯 항상 가장 높은, 유명한 빌딩에 향한다. 그러나 그 주변에 있는 고만고만한 빌딩들 또한 세계 최고라는 타이틀을 지니고 있었다는 과거는 아무도 기억하지 못한다. 높이 지으려 경쟁을 벌이지만 한 명의 승자를 제외한 모두는 패배자가 되는 게임이다. 그리고 그 유일한 승자의 유효 기간도 그리 길지 않다.

틀 보유자 '엠파이어 스테이트 빌딩'은 제2차 세계대전이 끝나고 다시 경기가 살아날 때까지 30년 동안 입주자를 찾지 못해 Empty(빈) State Building으로 불렸다. 가장 높은 건물이 완성되면 큰 위기가 시작된다는 '마천루의 저주' 속설이 여기서 굳어진다.

1960년대 잠시 건설 붐이 일어나는 듯했으나, 1980~1990년대 다시 침체기로 들어서며 도시 전체가 슬럼화되는 것 아니냐는 두려움에 싸였던 맨해튼은 결국 2001년, 3천여 명의 희생자를 발생시키며 가장 높은 마천루가 무너지는 처참한 광경을 망연자실 바라보게 된다. 14세기 이탈리아의 작은 도시는 가장 높은 타워의 붕괴 후에 높이 제한이라는 사회적 약속이라도 체결했지만, 21세기 메트로폴리탄 뉴욕은 국경을 닫고 무너진 건물보다 더 높이 짓는 것으로 떨어진 제국의 자존심을 주워 담으려 했다. 높이라는 상징 지위를 위해 스스로 백년 전에 설정한 게임의 중독성이 붕괴의 상처가 주는 메시지보다 강했던 셈이다.

경기 회복기에 들어선 21세기에 들어서도 부동산 경기가 하락세를 면치 못하는 상황이 지속되자, 일거리가 필요했던 건축가와 건설 기술자들은 살 방도를 찾아야 했다. 100년을 이어온 고층 빌딩의 밀집화 때문에 생기는 조망권과 일조권의 문

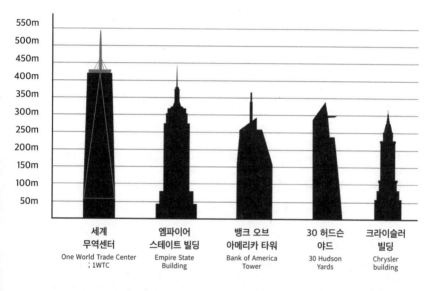

550m
500m
450m
400m
350m
300m
250m
200m
150m
100m
50m

**세계
무역센터**
One World Trade Center
; 1WTC

**엠파이어
스테이트 빌딩**
Empire State
Building

**뱅크 오브
아메리카 타워**
Bank of America
Tower

**30 허드슨
야드**
30 Hudson
Yards

**크라이슬러
빌딩**
Chrysler
building

2020년 기준

백 년 넘게 뉴요커를 환호하게 했던 고층 빌딩 비교표. 건물끼리 '높이 경쟁'을 부추기고 시민을 가상의 심사위원으로 만드는, 건축 전문가들이 고안해 낸 효과적인 책략이다. 이 '미인 콘테스트'는 후에 아시아인과 아랍인을 관중석에 끌어들이게 된다. 게임의 규칙은 이런 식으로 설정되었다.

제가 불거지고, 마천루 도시에 대한 회의감이 도시 전체에 고개를 들게 된 (그들에게는 위기의) 상황 속에서 뉴욕의 건축가들은 결국 '쾌심의 비책'을 찾아낸다. 이른바 주변 저층 건물의 공중권air right⁎을 매입해 좁은 땅에 그만큼 건물을 높이 올리는 '슬렌더 마천루slender skyscraper'라는 신기술로, 이쑤시개처럼 가늘고 긴 신세대 마천루 전쟁을 촉발시키는 데 성공한 것이다. 최근 10여 년 사이에 381미터 엠파이어 스테이트 빌딩을 6위 자리(2021년 맨해튼 타워 순위)로 밀어낸, 이른바 '슈퍼 마천루' 전쟁이다. 더 높이 올라가면 탁 트인 전망을 누릴 수 있다는 부추김에 부자들의 욕망은 호응했고, 다시 마천루는 높아져야 할 뿐만 아니라 (지을 땅이 좁으니) 가늘기까지 한 무한 경쟁의 도구가 되었다. 가늘면서도 높이 올리기 위해 공사비는 눈덩이처럼 늘어 갔고, 멋진 조망을 누릴 몇 명의 소수를 위해, 대다수가 사는 저층은 더더욱 어두워졌다. 곁눈 가리개를 한 경주마는 앞으로만 달린다.

맨해튼 공중에서 벌어지고 있는 욕망이 지배하는 자본의 맨얼굴이 외부에 밝혀지는 것을 꺼려한 마천루의 주도자에게는 또 한 번 알몸을 가릴 수 있는 위장책이 필요했고, 눈을 돌린 곳은 음악과 영상 기술이었다. 막대한 자본을 쏟아 부운 세련

⁎ 증축이나 재건축 시, 자신의 땅에 현재 지어진 건물의 높이보다 더 높이 지을 수 있는 가상의 권리

높은 것으로는 더 이상 다른 타워와 차별화시킬 수 없게 되자 이제는 높이는 물론이고 가늘기까지 한 것으로 경쟁이 붙었다. '신기술'이라는 이름의 미끼가 이 경쟁의 레시피로 사용됐다.

옆 건물이 100층이면 주변 건물의 하층부는 어둠 속에 묻히게 된다. 그래도 사람들은 높은 건물의 꼭대기만 쳐다본다.

된 영화와 드라마는 대도시의 화려하고 낭만적인 도시 생활을 세계인의 환상 속에 심는 데 성공했고, 이런 도시의 숨은 복마전을 알 리 없는 태평양 건너온 외국인의 눈에는 〈섹스 앤 더 시티〉의 무대, 맨해튼의 야경이 숨 막히도록 아름답기만 하다.

강 건너에서 바라본 맨해튼 야경이 아름다워 보이는 진짜 이유는 그 속의 욕망과 암투의 실체를 알지 못하기 때문이다.

라스베이거스

미국 서부 네바다주 사막 한가운데 있는 도시인 라스베이거스는 관광, 특히 도박으로 잘 알려진 곳이다. 도시가 생긴 지 겨우 백 년 남짓이고 상주 인구도 70만 명 (우리나라 전주 정도의 인구수) 정도의 중소 규모 도시지만, 연간 방문객은 4천만 명에 이를 정도로 관광에 최적화된 도시다. 세계 도시 계획의 역사에서 라스베이거스가 갖는 위치는 특별하다. 전통적인 도시가 갖춰야 할 주거, 생산, 교육, 행정 같은 기본적인 기능은 거의 없이 오직 관광과 도박만을 위해 발전한 곳으로, 도시의 모든 구조가 외지인의 소비를 유도하기 위해 상업적으로만 특화되어 발전했다. 일종의 도시적 돌연변이라고 불리는 까닭이다. 더군다나 실외 활동이 어려운 사막 기후라 거의 모든 행위가 냉방 시설을 갖춘 실내에서 이루어지고, 도시 내 이동도 오직 자동차로만 이루어진다. 트램tram이나 지하철 같은 대중교통은 존재하지 않는다. 미국 대부분의 도시가 자동차 위주로 만들어졌지만 이 도시는 유독 '자동차를 몰고 온 관광객들을 위한' 도시로 발전했고, 그동안 전통적인 도시에서 상상하기 힘들었던 새로운 현상이 목격된다.

오늘날과 달리 20세기 초반까지도 인류에게는 (종교 건축을 제외한) 어떤 용도의 건물이 '이렇게 생겨야 한다'라는 무언의 규범 같은 것이 존재하지 않았다. 동양은 나무 기둥과 기와지붕으로 된 비슷한 건물에 왕궁, 사당, 절, 학교, 상점, 주거라는 '기능'이 들어섰을 뿐, 왕궁이라고 해서 (규모와 화려함 외에) 특별히 건축적으로 다른 것은 없었다. 대문 앞 현판 정도가 구분의 수단이었다. 서구도 도로의 폭에 따라 정해지는 건물 높이에 맞춰 유사한 공법으로 건물을 세웠고, 서민이 사는 아파트와 도심 백화점은 장식이 많고 적고의 차이가 있을 뿐 건축물을 짓는 방식은 동일했다. 비슷한 건물 안에 층을 구분해 다른 기능들이 들어선 것이다(유럽의 아파트는 대부분 1~2층에 상점이나 식당 등이 있는 주상 복합 건물이다). 중세 시대 왕의 권위를 차용하고 싶었던 근대의 관공서가 예전 신전을 본 따 웅장한 열주를 입면에 추가하고, 조금이라도 비싸게 아파트를 팔고 싶었던 개발업자가 귀족의 고택을 떠올리게 하는 르네상스풍의 장식을 건물 입면에 입혔던 자잘한 시도는 있었지만, 도시 속 건물은 그만그만한 건설 논리로 비슷한 형태와 재료로 지어졌고 그것들이 모여서 지금 우리가 유럽에서 보는 일관성 있는 도시가 되었다. 그래서 19세기 말 기차역이 처음 지어질 때 교회와 비슷하게 지을 건지, 왕궁과 비슷하게 지을 건지 엄청난 혼란이 있었다. 당시 신기술의 상징인 증기 기관차를 탈 수 있는 새로운 기능의 건물이 일반 건물의 외관과 비슷한 게 맞는 건지 하는 설왕설래가 계속되었고, 전례가 없었던 용도의 건물이라 당시 최신 재료였던 철과 유리가 처음으로 건축에 도입될 수 있었다. 공공 건축 법규의 영향을 받는 건물과 도시는 당시 기술의 수준과 사회적 합의에 의해 그 형태가 결정된다는 의미다.

도시에는 오래전부터 그곳에서 살아온 거주민이 있고 도시에 익숙한 거주민은 근처에 식품점이 어디 있고, 은행이 어디 있고, 경찰서가 어디 있는지 자연스레 알게 된다. 경찰서가 굳이 '경찰서처럼' 생기지 않아도 수년 동안 그 동네에 산 사람이면 자연스레 알게 마련이고, 이웃에게 물어보면 알려 준다. 그런데 그 도시에 처음 도착해 아는 사람이나 아는 곳도 없고, 다만 그곳 어딘가 있는 카지노에 며칠 도박이나 할까 하며 잠깐 들른, 그것도 자동차로만 움직이는 '뜨내기'가 도시에 상주하는 거주민보다 월등히 많아지면 도시는 어떻게 변할까? 이런 조건은 도시 역사 학자들도 그간 본 적이 없는 것이었다.

1972년 건축가 로버트 벤투리Robert Venturi는 동료들과 이 돌연변이적 도시 현상을 주목해 관찰했는데, 인류 역사상 전무후무한 특이한 환경과 조건에서 생겨난 새로운 도시 유형을 정리해 발표한다.6 그들이 목격한 새로운 도시 현상은 자동차를 타고 온 이방인이 도시의 '능동적 주체'가 될 때 전통적인 도시 맥락은 사라지고, 건물들은 단기간에 자신의 상업적 용도를 알리기 위해 시각적 '상징성'을 갖고 싶은 욕구를 느끼며, 과장되게 장식된 간판으로 건물의 용도를 직접 '말하려' 한다는 것이다. 자연·지형

조건과 사회적 질서가 만들어 왔던 그간의 도시 개념이 여기서 처음으로 사라져 버렸다.

사실 자동차를 타고 빠른 속도로 지나가면서 길가에 있는 건물이 어떤 곳인지 인지하는 것은 겨우 몇 초 정도고, 그것도 비슷비슷한 조건이 반복되는 상황이다. 건물주 입장에서는 자신의 가게를 알지 못하는 이방인 뜨내기가 자기 건물 앞에 차를 세우고 상점에 들어오게 하려면, 무엇을 파는 곳인지 그리고 그것이 왜 필요한지 몇 초 만에 설득해야 하는 그야말로 극한 상황인 셈이다. 길가에 상점 수가 많아지면 이 생존 경쟁은 무한으로 치닫는다. 그래서 멀리서도 잘 보이게 간판을 키우고 가시성 높은 번쩍거리는 조명을 넣는 것도 모자라, 결국 건물 자체를 조형물처럼 지어 버리는 경우까지 나오게 된다. 오리고기를 파는 집이면 아예 건물을 오리 모양으로 짓는 것이다.

자동차는 도시에 시간과 거리의 단축이라는 엄청난 혜택을 가져와 도시의 확장을 가능하게 했다. 그런데 고객이 걷는 사람이 아닌 자동차 탄 사람으로 바뀌게 되자, 기존 가로의 1층에 자리 잡았던 전통적인 상점들은 (걸어 다니는) 동네의 단골이 아닌 (차로 지나가는) 일회성 이방인을 상대해야 했고, 단 몇 초 만에 선택당하는 처지로 전락했다. 걷는 사람과 운전하는 사람은 무언가를 인지하는 데 전혀 다른 차원의 적용을 받는다. 움직

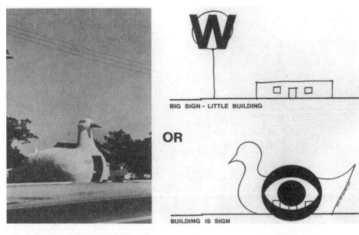

BIG SIGN - LITTLE BUILDING

OR

BUILDING IS SIGN

오리 모양의 건물. 건물보다 큰 간판도, 아예 간판이 된 건물도 라스베이거스에서 처음 탄생한다. 건축물이 모여 도시를 이루는 전통적 의미의 도시 개념이 이곳에선 실종된 것이다.

오늘날 서울 도심이나 신도시에서 심심치 않게 볼 수 있는 '조형성'이 강조된 건물. 조형 그 자체의 미학적 수준이나 건축적 의미는 논외로 하더라도 건물주가 건물을 왜 이렇게 지었는지 이유를 짐작하는 것은 그리 어렵지 않다. 사람들의 눈에 띄지 않으면 아무도 이 건물에 오지 않을까 두려웠기 때문이다. 결국 건물이 간판이 되는 쪽을 택한 이유다.

이는 속도가 다르기 때문이다. 천천히 걷고 있는 사람에게는 사인sign이나 상징symbol을 통해 정보를 전달하는 간판은 별 의미가 없다. 쇼윈도에 놓인 물건으로도 즉각적인 '설득'을 할 수 있고 그것이 더 효과적이다. 그러나 빠른 속도로, 또한 상점과 제법 멀찍이 떨어져서 지나가는 운전자에게는 뭔가 다른 것이 필요하다. 인지성이 높고, 잘 보이는 큰 간판으로 '유혹'해야 하는 것이다. 미국에서 건너온 이른바 패스트푸드 체인점이나 패밀리 레스토랑들이 각각 자신의 건물을 특색 있게 짓는 것도 같은 이유에서다. 지붕을 초록색으로 하고 외관에 줄무늬를 새겨 놓은 곳도 있고, 아예 지붕에다 황소의 뿔 모양을 크게 새겨 놓은 곳도 있다. 건물보다 더 큰 'M'자 간판을 세운 곳처럼, 운전자가 멀리서도 잘 볼 수 있도록 건물 자체가 간판이 되어야 했던 신대륙 도시의 전통이다.

도시 곳곳은 생존과 경쟁을 위한 상징물로 채워졌고, 그것들은 시민을 유혹해야 할 소비의 대상으로 바꿔 버렸다. '이웃'이 아니라 '소비체'가 된 시민은 그 자신 또한 도시를 오직 소비를 위해서만 사용하게 된다. 누구를 만나는 것도, 잠시 앉아서 쉬는 것도 비용을 지불하지 않으면 불가능해졌지만, 더 중요한 점은 아무도 그 사실을 인지하지 못하게 되었다는 것이다. 도시 상징물은 소수가 주도하는 경쟁 논리와 전략에 의해 유행이라는 이름으로 내일이면 다른 상징으로 대치될 것이고, 도시는 잠시 들렀다 가는 이방인과 한시적 광고판이 짧은 시간 공존하는 하루살이의 생을 이어간다. 소위 트렌드에 따라 시시각각 바뀌는 도시 상징들은 도시 공동체의 시간과 기억을 '휘발성'으로 변질시켜, 세대가 달라도 서로 같은 장소를 공유하는 것 같은 도시적 경험의 축적을 말살시킨다. 그 많은 서울의 식당 중 아버지와 아들이 같은 맛을 공유하는 곳이 몇 군데나 될까. 거리를 점령한 화려한 간판은 강렬한 자극을 주며 시민을 집단적 기억상실증으로 이끄는 머릿속 지우개다.

오늘 밤에도 많은 사람이 지나다니지만, 저 수많은 업소를 10년 후에도 기억할 시민은 없다. 10년 전 이곳을 채웠던 간판을 기억하는 사람이 없는 것처럼. 도시는 오늘만 살도록 설정되었다. 이렇게 시민은 도시의 기억을 잃어버리게 됐다.

매트릭스

근대 산업화가 낳은 거대 도시 메갈로폴리스는 그 속성상 인구의 도시 집중을 전제로 했고, 도시는 오랫동안 거주했던 토박이가 아니라 생존과 성공을 목표로 몰려드는 이방인에 맞춰 기존의 구조를 수정하고 확장하면서 지금의 모습을 이루었다. 도시는 넓어졌고 커진 도시의 이동을 위해 넓은 자동차 도로가 필요했으며, 이동이 덜 필요한 중심부의 땅값은 높아졌고 그래서 건물이 높아졌다. 사람들은 고향 같은 따뜻함을 바라고 대도시에 온 게 아니다. 정든 고향을 등지고 성공을 위해 도착한 타지였기에, 처음부터 거대 도시는 이웃과의 공생보다는 생존과 경쟁을 위한 싸움터가 될 기본적인 토양을 갖춘 셈이다. 19세기 뉴욕항에 첫발을 디딘 아일랜드 청년과 1960년대 서울역에 처음 내린 시골 청년 앞에 놓인 운명은 비슷했다. 이 말이 독자의 마음을 불편하게 하더라도 그들이 실제로 거대 도시 속 매트릭스의 구성원들이었음을 부정할 필요는 없다. 메갈로폴리스는 처음부터 공존과 화합을 위해 만들어진 곳이 아니었다.

다만 도시는 개인의 욕망과 경쟁의 전쟁터임을 솔직히 인정하고 맨해튼과 라스베이거스처럼 자유롭게 방치할 것인가, 혜택 입는 소수보다 손해 보는 다수의 피해가 더 크므로 유럽처럼 '공공'이라는 이름으로 개입할 것인가 하는 선택만 남는다.

이 선택은 나라마다 다르고 시대에 따라서도 의미가 달라진다. 역사는 모순덩어리다. 자유와 마천루의 나라 미국의 수도인 워싱턴 D.C.는 '미국의 파리'가 되길 원했던 토머스 제퍼슨•의 유훈에 따라 백악관 앞에 있는 워싱턴 기념비보다 높은 건물을 금지하고 있다. 한편 도시 전체가 31미터 고도 제한에 묶여 마치 지평선 같은 평평한 스카이라인을 가진 평등의 나라 프랑스의 수도 파리는 인접한 거대 상업 지구 라데팡스La Défense에 미국의 맨해튼같이 욕망의 분출을 어쩔 수 없이 허용하고 있다. 유럽에 대한 오랜 열등감이 자본과 신기술을 만나자 미국인의 욕망은 맨해튼이라는 마천루 군집을 잉태했고, 20세기 미국의 화려한 성공을 가슴 깊이 동경했던 아시아와 아랍의 도시들은 미국의 방식으로 상징 지위를 획득하는 것이 성공을 인정받는 것이라 믿었다. 이 책이 출간될 때 즈음이면 또 다시 바뀌어 있을 순위라 굳이 기록하는 것이 큰 의미가 없지만, 2021년 현재 전 세계 가장 높은 10개의 타워 중에 9개는 동아시아와 아랍의 사막 위에 세워졌고, 한국에 세워진 롯데월드타워는 세계 순위가 '겨우' 5위지만 완공 2년 전에 세워진 미국 최고 높이의 1WTC타워(원월드 트레이드 센터, 541미터)보다 십여 미터 높다는 것에 만족하고 자랑스러워한다. 여러 무리수와 편법에도 불구하고 이 마천

• 미국의 전 대통령. 1800년 제3대 대통령에 당선됐고, 1804년 재선됐다.

루가 554미터나 올라갈 수 있게 한 원동력이 어디에서 기인했는지 보여 준다.

그래서 마천루는 인류가 힘든 조건과 한계를 극복하고 이룩한 도전과 승리의 역사인 동시에 그 내부의 원동력인 자격지심, 열등감, 시기심, 경쟁심, 두려움이 지배한 어둠의 역사이기도 하다. 그 경쟁의 끝에는 결국 아무도 승자가 되지 못한다는 변치 않는 사실에도, 0.1초 더 빨리 도착하기 위해 매번 출발대를 박차고 나가는 육상 선수처럼 이미 그렇게 설정된 게임의 법칙은 오늘의 도전자에게 '왜'라는 질문 따위는 허용하지 않는다. 자신이 사는 곳이 점점 어두워지는 것은 미처 깨닫지 못하고 건너편 타워들의 높이 경쟁에 환호하는 관중이 됐던 20세기 뉴요커들처럼, 이제 아시아와 아랍 세계의 시민들도 자국의 타워가 다른 나라의 타워보다 높아지는 것에 뿌듯해하는 맹목적 경쟁의 매트릭스 속에 갇혀 버렸다. 높아지는 것만큼 아래는 점점 어두워지는 현실을 백 년이나 경험했는데도 시선은 저 멀리 타워의 꼭대기로만 향한다. 학습된 욕망의 환각성은 그만큼 강력하다.

서울에서는 원칙적으로 35층 넘는 집은 지을 수 없게 되어 있다. 서울시가 2014년 내놓은 '2030 서울 도시 기본 계획'을 통해 '제3종 일반 주거 지역'에선 35층 이하 높이로 건설해야

맨해튼처럼 혹은 맨해튼보다 높은 마천루 도시를 짓는 것이 성공이라 믿은 중국인들의 성취인 상하이의 푸둥浦東. 한국인들도 그에 뒤질세라 몇 해 전 용산에 마천루 도시를 세우려 했었다. 비록 성공하지는 못했지만 경기가 다시 과열되면 그 욕망은 고개를 들 것이다.

한다는 원칙을 정한 데 따른 것이다. 이른바 '35층 룰'이다. 서울시 산하 연구 조직인 서울연구원이 2017년 『누구를 위한 높이인가』라는 책자를 출간해 여기에 대한 설명을 내놓기도 했다. "35층은 주먹구구로 나온 숫자가 아니다. 한강변 주요 지점을 중심으로 배후 경관을 조망할 수 있는 적정 높이이며, 법적 용적률 상한선 300퍼센트를 적용했을 때 적정한 수준이다. 경관은 특정인의 것이 아닌 모두의 것이다."

반대하는 쪽의 논리는 35층 룰이 근거 없을뿐더러 비슷한 모양의 아파트가 잔뜩 들어서게 만들어 도시를 획일화시키는 원인이라는 것이다. 일견 그럴듯하게 들리지만 아파트의 모양이 똑같은 것은 높이 제한 때문이 아니라 잘 팔리는 하나의 평면으로 모든 아파트를 똑같이 지었기 때문임은 굳이 밝히지 않는다. 더 높이 지어도 건설의 논리는 바뀌지 않을 테니 높이 제한이 도시 획일화의 주범이라는 논리는 생뚱맞기만 하다. 50층으로 룰이 바뀌면 50층 아래로 건물을 지을 개발업자는 없을 테니 35층 대신에 50층짜리 똑같은 아파트들로 대체될 뿐이다. 90미터로 묶여 있는 서울 시내의 고도 제한을 110미터로 올려야 한다는 목소리는 지금도 거세지만, 110미터 고지를 기어이 정복하면 몇 년 후 130미터로 올려야 한다는 주장으로 교체될 것이다.

1950년 150만 명이 안 되던 서울 인구는 반세기도 안 돼 7배가 늘어났고 도시 면적은 4배가 불었다. 증가한 인구의 대부분은 다른 지역에서 상경한 외지인들이었고, 커진 도시는 아침, 저녁 그들을 일터로 실어 나르기 위해 곧게 뻗은 널찍한 자동차 도로로 새로 그려졌다. 도박하러 들른 이방인들에 의해 점령된 라스베이거스처럼 일자리를 찾아온 외지인에 의해 채워진 서울도 자동차가 그들의 운반을 책임졌다. 며칠 볼일이 끝나면 방문자가 떠나는 한 도시와 2년의 전세가 만료되면 다른 아파트로 잠자리를 옮기는 다른 도시에서는, 반복해서 양산되는 이방인에게 어쨌건 적응해야 했고 상점들은 지나치는 자동차에 소리쳐야 했다. 자동차가 도시를 점령할수록 자본은 사람이 아닌 자동차의 눈에 띄기 위해 자신의 건물을 높고 과장되게 짓고, 상점은 스쳐 가는 뜨내기를 유혹하기 위해 간판을 키우고 화려한 조명으로 장식했다. 모든 건물과 상업 공간이 그런 자신의 이름을 알리려는 욕망에 병적으로 매달리게 되고, 죽기 살기로 자신을 알려야 한다는 생존과 성공을 향한 강박관념만이 도시를 지배한다. 마천루가 매일 기록을 경신해봐야 승자는 계속 패자로 바뀌고, 경쟁에 끼지 못한 대부분의 시민은 어둠 속에 살게 된다. 서울은 그렇게 비슷하지만 다른 이유로 라스베이거스와 맨해튼이 되어 간다. 살아남기 위해 자신을 알리기 위한 사투는 결국 누구도 승리할 수 없는 매트릭스 내부의 소소한 일상일 뿐이다. 내가 정말 궁금한 것은 높

아지기만 하고 커지기만 하는 이 끝없는 경쟁의 행군을 서울
내부 사람들은 과연 언제까지 견뎌낼 수 있을까 하는 것이다.

이 무한 경쟁에서 도대체 누가 승리했을까. ▷

8장

모임의 끝은
왜 항상 노래방일까

오랜만에 만난 친구들, 맛있는 음식, 부딪히는 술잔, 높아지는 목소리, 터지는 웃음, 끝없는 이야기, 1차, 2차……. 그러나 헤어져야 할 시간은 항상 너무 빨리 찾아온다. 하나둘씩 자리에서 일어나 둘러선, 망설임과 눈치가 지배하는 술집 앞. 여기서 접자고 하기엔 뭔가 매정하고 한잔 더 하자고 하기에는 내일이 걱정되는……. 하루 이틀도 아니지만 매번 선택은 힘들다. 그때 술값 계산을 마치고 마지막으로 나온 친구가 그 누구도 거부할 수 없는 한마디로 이 애매한 상황을 정리한다.

"얘들아, 노래하러 가자!"

노래방

코로나 시절을 지나면서 기운이 꺾이긴 했으나, 현대 한국인에게 노래방이라는 공간은 분명 단순하게 '노래하는 곳' 이상을 의미한다. 다음 날 출근 걱정에 술자리를 일찍 뜨고 싶은 사람들도 노래방 가자는 일행의 부추김에는 결국 굴복하고야 마는 것을 보면 그곳에는 분명 특별한 것이 있는 것 같다. 초창기에는 노래연습장, 가라오케 등 다른 용어도 혼용됐으나, 굳이 노래라는 단어 뒤에 한국인에게 특별한 사연이 있는 '방'이라는 명사를 붙였던 것은 결코 우연이 아니었다. 한국인의 공간 정체성을 '방'처럼 잘 표현해 주는 단어가 또 있을까.

방房은 벽으로 둘러싸여 주위에서 분리된 공간이고, 벽면과 (창)문으로 구성되며 구체적인 용도를 위해 만들어진 공간이다. 흔히 잠자기 위한 침실로 인식되지만, 오늘날 한국에서는 집 속의 방 개념이 확장되어 벽이나 칸막이로 구획된 여러 용도의 공간으로 통용된다. 컴퓨터 게임을 할 수 있는 PC방, 목욕과 찜질을 할 수 있는 찜질방, 노래를 부를 수 있는 노래방, 만화를 볼 수 있는 만화방 같은 식이다. 심지어 교도소보다도 감방(監房 ─ 가두어 두는 방)이라는 단어가 귀에 더 쏙 들어올 정도로 한국인은 특정한 기능을 가진 실내 공간에 '방'이라는 명칭 붙이길 좋아한다. 방이라는 말이 얼마나 좋았으면 거실이나 접견실을 뜻하는 프랑스어 살롱salon 앞에 방의 영어식 표현인 룸room이란 단어를 덧붙여 '룸살롱'이라는 말을 만들었을까. 살롱이 고급스러운 이미지라면 룸은 은밀하고 안락하다는 느낌을 주려고 한 것인데, 실제로 이용하는 사람들이 그런 느낌으로 받아들이는 것을 보면 나름 잘 지은 작명인 셈이다.

원래 의미로서든 확장된 의미로서든, 한국인이 방이라는 공간을 사용하는 방식은 분명 타 문화권과는 다른 특별한 점이 있다. 신분 구분을 위해 공간을 이용해 온 것은 한국뿐 아니라 다른 나라에서도 흔한 일이다. 중세의 유럽 귀족 저택이나 오래된 아파트에서 주인과 하인이 서로 동선이 겹치지 않게 평면을 짜서 신분 사이의 장벽을 둔 것은 잘 알려진 이야기다. 그런데 한국인은 서구 같은 신분 구분의 수단에서 한걸음 더 나아가, 공간을 공적·사적 인간관계의 섬세한 조절을 위해 사용하는 데 능숙하다. 한국인들에게는 어떤 방에 함께 들어가기 위한 중요한 조건이 있다. 바로 '우리'라는 공동체 의식의 유무다. 방은 가깝지 않은 사람과는 같이 들어가지 않는다. 굳이 가족이나 친족이 아닌 사람(예전의 의원 같은)과 한 방에 들어야 할 때는, 하다못해 대나무 발이나 병풍 같은 가림막이라도 쳤다. 방은 가족, 애인, 친구, 동료 같은 '우리'라고 부를 만한 '이너써클inner circle'끼리만 공유하는 사적 공동체 공간인 셈이다.

그런데 유심히 살펴보면, 이렇게 한국인이 얼마간의 돈을 내고 정해진 시간 동안 빌리는 장소에 '방'이란 단어를 붙이는 곳과 그렇지 않은 곳 사이에는 어떤 일정한 패턴의 차이가 있다는 것을 알 수 있다. 노래방, PC방, 비디오방, 찜질방처럼 '방'으로 끝나는 공간은 방으로 구획됐거나 최소한 옆자리와 칸막이로 구분된 경우가 많다. 그래서 좀 더 사적 공간의 느낌을 준다. 실제로 외부와 단절된 밀폐된 곳에 굳이 함께 들어가려면 이미 '우리'라는 공동체 의식이 있어야 한다. 문이 닫히고 같은 행위를 함께하면서 그들은 비로소 문밖에 있는 타인과 구분되는 공동체가 된다. 물론 이 한시적 공동체는 지급한 요금이 허락한 시간이 끝나면 다음을 기약해야 한다. 반면 당구-장, 오락-실, 한정식-집처럼 '방'과는 다른 어미를 붙이거나 카페, 클럽, 센터처럼 외래어를 그대로 쓰는 경우는 밀폐된 구획 없이 많은 사람이 모이는 공공장소 같은 느낌을 준다. 그런 공간은 열려 있고, 다른 사람이 옆에 있어도 그리 어색하지 않다. 비슷한 목적을 위해 같은 공간에 함께 있으나 같은 공간에 있는 사람들끼리 '우리'라는 의식은 생기지 않는다.

직장인의 회식이나 동호회 등의 모임에서는 주로 방이 아닌 곳(밥집이나 술집처럼 개방된 곳)에서 시작해서 결국은 방(노래방이나 룸살롱처럼 구획된 곳)에서 끝나는 경우가 많다. 맛있는 음식으로 기분이 좋아지고 술이 흥건해지면 마치 연어가 자신이 태어난 강으로 돌아오듯 한국인들은 마음의 고향인 '방'으로 찾아들어 간다. 남들 다 보고 듣는 열린 장소에서 나눈 소맥 정도로는 아무래도 뭔가 아쉽기 때문에 만남을 끝내기가 도대체가 힘들다. 사람들은 노래를 같이하든 비싼 양주를 나눠 마시든 세상과 분리된 밀폐된 방에서 비로소 '우리'를 느끼려 한다. 혼자가 아님을 확인하는 원초적이고 나름 성스러운 순간인 셈이다. 그러면서 발생하는 비용은 때때로 상상을 초월하나 그것이 주는 심리적 안정감과 만족감은 비용의 가치를 뛰어넘는다. 끈끈한 관계를 만들고 싶은 접대에는 더 이상의 대안이 없을 정도다. 한국인에게 방이란 이렇게 '남'과 '우리'를 구분해 주는 공간적이면서도 동시에 사회적인 수단이기도 하다.

엘리베이터는 걸어선 결코 오르내릴 수 없는 수십 층짜리 고층 아파트에 많은 사람이 살 수 있게 해 준 유용한 도구지만, 한국인이 가장 혐오하는 공간이라는 사실을 의식하는 사람은 많지 않다. 그나마 차창 외부에 시선이라도 둘 수 있고 외부 소음 때문에 역설적으로 답답함은 덜한 대중교통과는 다르게, 모르는 사람과 몸을 거의 밀착한 채 시선 둘 곳 없이 정적만 가득하고 막혀 있어 답답한 공간이기 때문이다. 서구에서는 엘리베이터에 들어설 때 모르는 사람이라도 서로 간단한 인사 한마디로 어색한 분위기를 누그러트리는 데 익숙하지만, 모르는 사람과 한 '방'에 들어가는 것을 체질적으로 꺼리는 한국인에게 침

묵이 지배하는 한 평도 안 되는 밀폐된 공간 속에 타인과 함께
갇혀 있는 순간은 불편함을 넘어 고통에 가깝다. 문 열리기 무
섭게 탈출하듯 내리고, 사람이 내리기 무섭게 닫힘 버튼을 눌
러 버리는 한국인의 무의식에 가까운 일상적 행동은 모르는 사
람과 같은 공간을 나누는 데 익숙하지 않은 한국인이 서양에서
수입된 공간인 엘리베이터 속에서 어떤 스트레스를 받는지 노
골적으로 보여 주는 광경이다.

교도소

과거 형무소로 불리던 교도소는 한때 교화소라고도 불렀으나 감옥, 감방이라는 명칭이 우리에게 더 익숙하다. 교도소는 전쟁과 더불어 소설이나 영화의 배경으로 유난히 많이 등장했는데, 일반인이 평소에는 경험해 보기 힘든 극단적인 상황이라 인간성의 드라마적인 면을 끌어내는 데 용이하기도 하고, 감시하는 쪽과 감시당하는 쪽 사이의 긴장 속에 극적 요소가 많아서 이야기를 풀어 가기도 유리하기 때문이다. 2013년 발표되어 그해 박스오피스 1위에 오른 한국 영화 〈7번방의 선물〉의 배경이 됐던 교도소는 한국을 포함한 동아시아와 중동 지역에서 통용되는 교도소의 전형을 잘 보여 준다. 복도 양편으로 4~8인 정도의 단체실이 늘어서 있는 구조로, 두꺼운 철문 상부에는 교도관이 방 내부를 확인할 수 있는 작은 감시창이, 아래쪽에는 음식물 등을 주고받을 수 있는 배급구가 있는 식이다. 흔히 신참이 들어오면 같은 방의 고참들이 군기를 잡는답시고 '푸닥거리' 하는 장면은 이런 단체실로 이루어진 감방을 배경으로 한 영화나 드라마에서 단골처럼 등장한다. 반면 1994년에 발표된 미국 영화 〈쇼생크 탈출The Shawshank Redemption〉은 서구 문화권의 전형적인 감옥을 잘 재현하고 있다. 실제로 유럽과 미국은 이런 유형의 교도소가 일반적이다. 방들은 예외 없이 독방이고, 밖에서 감시가 편하도록 안이 훤히 들여다보이는 철창으로 구획되어 있다. 각각의 방은 위아래가 뚫린 여러 층에 놓인 회랑형 복도로 연결되며, 모든 방은 가운데 큰 빈 공간에 노출되어 있어 방이 서로 들여다보이는 구조다.

이런 공간의 외형적 차이만큼이나 흥미로운 것은 그 속에 지내는 사람들끼리 서로 관계 맺는 방식이 문화권에 따라 완전히 다르다는 것이다. 단체실 위주인 동양식은 같은 방을 함께 사용하는 수감자끼리는 가족처럼 강하게 결속된 공동체 의식으로 묶이게 되지만(그래서 출소 후에도 인간관계가 이어지는 경우가 많다), 다른 방의 수감자와는 이상하게도 집단의식이 덜하거나 심지어 서로 적대적인 관계가 되기까지 한다. 반면 개인적 성향인 데다 다민족·다문화 환경으로 살아온 서구에서는 예측이 힘든 문화적 충돌을 방지하기 위해 개인을 분리 수용하는 방식으로 교도소 구조를 발전시켜 왔다. 미국에는 아예 인종에 따라 교도소 자체를 구분하기도 한다. 독실 생활을 해서 그런지 같은 복도나 같은 건물에 산다고 해서 특별히 다른 수감자와 일체감을 느끼지 않는다. 서양식이 동양식처럼 끈끈한 공동체 의식으로 결속되지 않는다고 해서 그 속에 아무런 인간관계도 생기지 않는다는 뜻은 아니다. 그들의 인간관계는 동양의 가족식 공동체와는 다른 개념의, 이른바 사회적 연대의 모습으로 나타난다. 처우 개선이나 인종 문제 등으로 집단 폭동이 발생하는 빈도가 서양식에서 월등히 높은 점은 사회적 연대감의 활성도

△ 서대문 형무소
▽ 미국 앨커트래즈Alcatraz 교도소

가 동양식에 비해 높다는 좋은 증거다. (가족 규모 정도의) 동양식 공동체는 내부적으로 강하게 결속되어 있으나 각 집단의 다양한 뜻이 서로 교류되어 대의로 발전하는 빈도가 드문 반면, 서양식은 서로 쉽게 섞이지 못하는 강한 개인성에도 불구하고 어떤 상황하에서는 누군가가 나서서 호소하거나 선동하면 대부분의 수감자들이 환호나 두드림, 손뼉 등으로 자신의 의견을 표현하고, 서로 비슷한 생각을 하고 있는 동료가 다수라는 확신이 들면 단체 행동으로 넘어가는 경우가 상대적으로 많다. 가족적 규모의 소집단에 강하게 결속되어 역설적으로 큰 규모의 연대로 발전하기 힘든 문화권과 개개인은 모래알처럼 각각인데 어떤 문제에 의견을 나누고 공감하고 연대해서 사회적인 규모로 발전시키는 것은 수월한 다른 문화권을 상호 비교해 보면, 사람들의 관계가 사회적인 제도는 물론이고 물리적인 건축 공간이나 도시 공간에 어떤 영향을 미치는지 놀라운 예를 발견할 수 있다.

공동체와 공간

한국인은 왜 그토록 '방'이라는 공간을 좋아할까. 좀 더 구체적으로 이야기하면, 왜 유독 한국인은 그토록 밀접한 인간관계를 갈구하고 또 그런 관계를 유지하고 소속감을 강화하기 위해 밀폐된 공간을 선호할까? 단합된 노동력이 필요했던 벼농사 문화권의 대가족식 집단주의에서 비롯됐다고 설명하는 인류학자도 있고, 식민, 전쟁, 경제 위기를 겪으며 자연스럽게 생겨난 생존 본능 수준의 욕구에서 발현된 집단 선택의 결과라고 해석하는 생물학자도 있다. 이런 심리적 특성이 정확히 어디서 기인한 것인지 특정하기는 어렵지만, 건축가의 관점에서 이런 특성이 우리가 사는 집과 도시에 어떤 영향을 미쳐 왔는지 증언할수는 있다. 잘 알려져 있듯 한국인의 학연, 지연, 혈연 등의 소위 '연줄'에 대한 집착은 뿌리가 깊다. 누군가 권력을 잡으면 같은 '라인'의 사람들로 주변 자리를 채우는 양태는 많은 비판을 받지만, 지금껏 흔히 봐 왔고 앞으로도 쉽게 변할 것 같지 않다. 남들이 그럴 때는 비판하더라도 자신이 필요하면 그 연줄부터 찾는 것이 실제 우리의 모습이기도 하다. 잘 모르는 타 집단 사람보다 같은 학교, 같은 지역, 같은 가족 집단에 속한 사람이면 혹시 문제가 생기더라도 그 사람이 감히 집단에서 매도될 위험을 감수하지는 못할 테니 그나마 믿을 만하다는 심리가 깔려 있다. 개인을 믿는 것이 아니라 (그 개인은 절대로 벗어나지 못할)

집단을 신뢰하는 셈이다. 이렇게 어떤 집단에 속해 있으려는 강박이 높은 사회이기 때문에 소속감을 증명하고 확인하고자 모임에 참석하려는 욕구가 높고, 그래서 한국인에겐 참가해야 하는 이런저런 모임이 유난히 많다.

이런 한국인의 심리적 욕구를 잘 간파한 상인들은 고객들로 하여금 소속됐다는 분위기를 만들어 주기 위해 방 문화를 영특하게 이용했다. 단체 손님이 많은 식당들은 (주로 회비 같은 공금으로 충당하기 때문에) 개별 손님보다 많은 술과 음식을 주문하는 향우회나 동창회 모임을 유치하기 위해 신을 벗고 들어가 문을 닫을 수 있는 좌식 단체석을 포기하지 않는다. 식당 입장에서는 매번 신을 벗어야 하는 데다 주방과의 거리도 멀고 동선이 복잡해지므로 음식 나르기가 입식 좌석에 비해 월등히 힘들지만, 그들만의 공간을 만들어 주면서 얻게 되는 짭짤한 매출 효과는 일하는 불편을 감수하게 할 정도다. '신을 벗고' 한 공간에 함께 머문다는 것은 상대와의 거리감이 줄어드는 효과가 있다. 신발을 벗고 맨발인 상태로 한 공간에 드는 것과 화장 안 한 맨얼굴로 타인을 대하는 것은 사람의 친밀성이 높아진다는 측면에서 유사한 심리 현상이다. 젊은 여성이라면 화장기 없는 맨얼굴로 누군가를 대하기 망설여져도 (만약 좋아하는 마음이 있는 사람이라면 더욱더 그럴 것이다) 막상 해 보면 상대방과의 심리적 거리감이 좁혀지는 경험을 해 본 적이 있을 것이다. 실제로 고급 일식집이나 한정식집은 복도를 따라 좌우로 늘어선 단체석으로 구성된 경우가 흔한데, 재미있는 것은 앞에 언급한 교도소의 구조와 똑같다는 사실이다. 한국에 성업 중인 고급 호텔의 객실 구조도 동일한 구조다. 그런데 한국인이 익숙하고 편안하게 느끼는 이런 구조의 식당이나 호텔에 처음 들어선 서구인들이 받는 첫인상은 놀랍게도 음모와 비밀이 가득한 음침한 이미지다. 사방이 막혀 있어 문 뒤에 누가 있는지 보이지 않는데, 방 저편에서 간간이 들리는 모르는 사람들의 대화 소리와 웃음소리는 이들에겐 이국스러움을 넘어 빨리 그곳을 뜨고 싶을 정도로 불안한 느낌을 준다.

전 세계에 많은 체인을 보유한 미국계 H호텔은 가운데 커다란 빈 공간의 아트리움을 중심으로 한 회랑으로 연결된 객실 구조로 유명하다. 그러나 오직 한국에서는 그들의 트레이드마크와 같은 이 공간적 전통을 포기해야 했다. 홀에서 객실로의 출입이 서로 훤히 보이는 구조라 사생활 노출을 우려한 한국인이 H호텔 출입을 꺼렸기 때문이다.* 이 H호텔의 구조는 비싼 마감재와 유리로 만들어진 고급 엘리베이터를 제하면 앞에 나온 쇼생크 교도소의 구조와 똑같다. 서구인에게는 오래된 건물

---

* 초창기에 지어진 제주 중문점 (하얏트 리젠시 호텔) 이후로 한국에서는 더 이상 이 방식의 구조가 채택되지 않고 있다.

제주 하얏트 리젠시 호텔

의 중정을 떠올리게 하는, 편안하고 정감 있는 집합적 공간으로 받아들여지지만 한국인에게는 이런 개방된 공간은 견딜 수 없을 정도로 부담스럽다. 한국식 교도소에 감금된 서양인 재소자는 교도소에 감금됐다는 사실보다 프라이버시 없이 한 방에서 다른 사람과 함께 지내야 하는 집단생활에 더 큰 심리적 고통을 받으며 차라리 독실로 보내 달라고 호소하는 경우가 흔하다. 반면 서구식 교도소에서 지내게 된 한국 출신 재소자는 수감 기간 동안 변변한 말벗 하나 사귀지 못하고, 독방에서 다른 수감자보다 훨씬 더 고독한 외톨이로 지낸다. 형벌의 강도가 문화 차이 때문에 더 커지는 셈이다.

이렇게 인간이 할 수 있는 가장 고급스럽고 즐거운 행위가 이루어지는 공간과 인간이 경험할 수 있는 것 중 가장 비루하고 고통스러운 교도소 생활을 하는 공간이 유사한 구조라는 사실은 우리가 비록 인지하지는 못하지만, 어떤 일정한 문화적 공간 패턴 속에 종속되어 있다는 것을 보여 주는 좋은 예다. 우리가 외국에 나갔을 때 느끼는 이질감이나 어색함은 역으로 우리가 어떤 공간적 규칙에 귀속되어 있다는 방증이기도 하다. 한국인은 타인의 눈길이 느껴지는 개방된 공공 공간을 불편해하며, 특히 나이가 많을수록 누군가의 시선에 노출되는 것에 노골적인 거부감을 갖는 경우가 흔하다. 그래서 시야가 열려 있는 고수부지 공원이나 광장 같은 곳에서도 구석의 벤치나 나무 등으로 남들의 시선이 가려지는 곳에 먼저 자리 잡으려고 한다. 잔디밭 가운데나 공터의 한중간에 앉으면 사방에서 '느껴지는' 시선 때문에 앉아 있는 내내 마음이 편하지 않다. 실제 실험 결과로는 군중의 가운데 자리 잡은 사람에게 시선이 몰린다고 증명된 바가 없다. 그런데도 중요한 것은 많은 사람이 그렇게 '느낀다'는 것이다. 나는 실제로 많은 한국인이 서구의 공항이나 대형 공공 공간에 처음 들어섰을 때 자신도 모르게 하는 습관이 있다는 것을 알게 되었는데, 바로 유난히 '두리번거린다'는 거다. 이것은 필요한 정보를 찾으려는 것보다는 주위에 아는 사람이 있는지, 혹은 자신을 쳐다보는 사람들이 있는지 무의식적으로 확인하는, 집단주의 문화권에 속한 사람들의 전형적인 행동이다. 누가 특별히 쳐다보는 것도 아닌데 틈날 때마다 손거울로 자신의 얼굴 화장을 확인하는 행동과 비슷한 심리다. 남의 눈치 보느라 몇 년 만에 만난 배우자나 애인과의 포옹도 자제할 정도다. 때문에 자신을 바라보는 시선이 없다는 확신이 들어야 긴장을 풀고 비로소 필요한 일을 한다. 반면 서양인들은 주변 상황을 이해하고 주위 사람을 파악하느라 시간을 보내기보다는, 안내소나 매표소 등 필요한 곳에 바로 집중하는 경향이 강하다. 한국인들이 민망해하면서도 부러워하는 대표적인 행위, 공공장소에서의 애인이나 부부간 포옹과 키스도 그런 일 중 하나다.

벽과 담장

'우리'라는 단어는 굳이 사전적 정의까지 동원하지 않아도 모두가 직관적으로 이해하는 '나'의 1인칭 복수형이다. 그러나 일상생활에서는 사전적 의미보다도 어떤 대상이 자기와 친밀한 관계라는 뜻으로 더 자주 사용된다. 우리 엄마/우리 남편/우리 아기/우리 동네/우리 학교 같은 표현에서 알 수 있듯 인칭대명사가 아니라 친밀성과 소속감의 확장된 의미인 관계 형용사처럼 통용된다. 어떤 한국학 학자는 이 '우리'라는 단어가 사람 관계를 가리키는 의미보다는 '집'(돼지우리 같은)이나 '울타리'를 뜻한다고 설명한다.[7] 한국인이 방과 집 같은 공간에 부여하는 공동체적 의미를 반추해 보면 나도 이 의견에 공감하게 된다.

건축적으로는 벽으로 막힌 공간이 방이라면, 집은 담장으로 둘러쳐진 곳이다. 벽과 담장은 외부*로부터 '우리'를 구분하고 보호하기 위한 필수 불가결한 건축 요소인 셈이다. 앞에서 살펴봤듯 결속된 소집단 위주의 공동체 생활을 선호했던 한국인의 '방' 문화가 도시라는 확장된 차원에 어떤 모습으로 반영됐는지 이해하기 위해 이 공간과 도시의 중간 단계이자 건축적 연결고

• 추위나 비바람 같은 자연환경뿐 아니라, 도둑이나 타인이라는 인간관계까지 포함한 의미다.

리인 '담장'을 중심으로 관찰하면 매우 흥미로운 현상을 발견하게 된다. 지금부터 하는 이야기는 우리의 방 문화가 오늘날 우리 도시의 근간을 만드는 데 어떤 방식으로 영향을 미치는지에 대한, 다소 새롭고 낯선 (일부에게는 도발적일 수도 있는) 논점을 제시한다.

우리는 「6장. 만남의 광장에서 누굴 만나는가」편에서 길과의 연계보다는, 자신의 내재적 필요(향이나 전망 같은)에 방점을 두었던 우리의 전통적 공간 구성 습성이 어떻게 오늘날까지 이어왔는지 살펴보았다(140쪽 상단, 141쪽 상단 사진). 우리의 전통 건축(구체적으로 조선 시대의 건축)은 자신이 점유한 땅 안에서, 주변 자연과 조화를 이루며 신분 제도를 공고히 하면서도 기능적이고 아름다운 건축을 이루는 데 집중해 왔다고 정의해도 크게 틀리지 않다. 그런데 이 건축적 철학에서 의외로 중요하게 생각하지 않았던 부분이 하나 있는데, 그것은 바로 자기 땅 담장 밖의 세상에는 그리 관심이 없었다는 점이다(바로 이 지점이 그 어떤 한국 건축학자도 언급하지 않은 부분이기도 하다). 자신의 우주(땅) 안에서 자신만의 수단(건축)으로 최선의 건축적 해답을 찾으려는 이른바 '자기 내향형' 건축 방식으로 해석이 가능한 지점이다. 나는 가치 중립적 표현인 '자기 내향형'으로 기술했지만, 서구적 관점에서 해석할 서양 건축사학자는 부정적 뉘앙스의 '자폐성'이라는 단어를 꺼낼 가능성도 있다. 이 의견에 많은 사람이 놀랄지도 모른다. 가장 인간적이고 자연 친화적인 건축으로 알려진 우리의 전통 건축을 두고 '자폐적'이라니! 자연과의 완벽한 조화를 이루었던 담양 '소쇄원' 같은 걸작을 예로 들며 반박할 수도 있겠으나, 논점을 명확히 하기 위해 부연한다. 내가 여기서 이야기하는 것은 주변의 '자연'이나 철학적인 '우주'가 아니라, 사람이 물리적으로 함께 거주하는 인접한 '도시'다. 혹자는 위의 주장을, 굳이 서양 도시학의 관점으로 우리 전통 건축의 다른 점을 억지로 끄집어내 되지도 않는 흠잡기를 한다고 받아들일 수도 있다. 그런 위험성을 감수하고도 이 글을 쓰는 이유는, 지금 우리는 건축과 전통의 장·단점을 이야기하는 것이 아니라 건축을 둘러싼 우리의 인식과 행동의 내재적인 특성을 다루고 있기 때문이다. (이 장의 끝 무렵에 한국인이 땅과 건물에 투영한 오래된 습성이 오늘날에 예기치 않은 모습으로 발현되는 실체적인 예가 제시되니 마음의 불편함을 잠깐 유보하길 바란다.)

우리는 전통적인 사찰이나 고택을 방문할 때 대문을 통해 들어와 순차적으로 대면하게 되는 앞마당과 행랑채, 사랑채, 본채, 안채 같은 내부 건물 위주로 집을 이해하는 경향이 있다. 그런데 일상에서는 좀처럼 경험하기 힘든 시점인 높은 곳(일명 항공뷰)에서 집을 관찰해 보면 건물 전체를 조망할 수 있는데, 이 모든 건물들은 어떤 울타리(담장) 속에 옹기종기 모여 자신만의 우주를 이루고 있다는 것을 알 수 있다. 대부분의 전통 건축 도면에는 자신의 집 담장 외부에 있는 다른 건물이나 길은 아예 표시하지 않을 정도로 외부에 관심을 두지 않는다. 마치 허공 속에 자기 집만 존재하는 것처럼 표현한 경우도 적지 않다. 자기 땅 안에서는 기단, 대청마루, 마당, 뜰, 화원, 연못, 식재 등을 치밀하게 배치하고 주변 자연과의 조화에는 그렇게 신경을 썼음에도, 자기 집 밖에 있는 길과 이웃 건물과의 연계는 인식의 중심에 없었다는 사실은 일종의 논리적 부조화처럼 느껴지기도 한다. 혹자는 안동 하회마을이나 경주 양동마을 등에 남아 있는, 집 내부가 들여다보일 정도의 낮은 담을 예로 들며 그것도 '내향형 건축'이냐고 반문할지 모르지만, 동네 사람 모두가 혈연이나 지연으로 엮여 있고 이방인의 유입이 거의 없던 씨족 마을이기 때문에 굳이 도난을 방지하기 위한 높은 담이 '필요 없었을 뿐'이다. 그런데도 권세가 높거나 부잣집의 담은 여전히 높았고, 무엇보다 중요한 것은 높고 낮은 차이가 있을 뿐이지 모두가 다 울타리 안에 자기만의 논리로 집을 지었다는 사실이다. 그 어떤 건축물도 외부 길로 열려 있거나 적극적인 관계를 맺고 싶어 하지 않았다. 외부와의 연계성보다는 자신의 내적 필요가 우선이었고, 담장과 울타리는 외부 조건에 좌우되지 않고 내부를 자유롭게 구성할 수 있게 해 준, 일종의 도시적 '쿠션'이었던 셈이다.

청송 한옥마을. 우리의 옛 집들은 담장 속에서 각자의 소우주를 이룬다. 그 소우주들이 완성되고 '남은' 공간이 결과적으로 길이 되었다.

일제 강점기 조선박람회를 전후해 일본 화가 요시다 하쓰사부로吉田初三郎가 그린 당시 「조선박람회 조감도」(1929년). (지금은 사라진) 조선총독부 건물을 짓는 등 창건 당시 모습을 왜곡시켰지만, 조선 시대 가장 큰 '집'이었던 경복궁이 만들어진 원형의 논리는 이해할 수 있다. 둘레 2천4백 미터가 넘는 5미터 높이의 거대한 담장으로 둘러싸여 있지만, 오직 동서남북 네 개의 문으로만 통제된 출입이 가능했던, 철저하게 보호된 요새 같은 영역 속에 치밀하고 복잡하게 구성됐다. 오늘날로 이야기하면 행정 복합 콤플렉스다. 왕과 왕족들은 평생 이 왕궁에서 나오지 않아도 모든 건축적, 도시적, 자연적 경험을 할 수 있을 정도로 다양하고 복합적인 기능을 갖추고 있다. 조선 시대 가장 화려한 건축물과 당시의 자연관에 대한 역사적·건축적 가치는 많이 회자되고 연구됐지만, 여기에 아무도 언급하지 않는 것이 있다. 그것은 그 담장 밖은 여백 혹은 의미 없는 공터로 여겨졌다는 것이며, 이 점은 당시 이 궁을 설계했던 설계자도 이 큰 집이 도시의 다른 부분과 어떻게 연결되고 관계를 맺을지는 관심이 없었다는 뜻이다. 담은 땅을 내부와 외부로 구분하고, 담 외부는 공격해올 위험이 있는 적이거나 굳이 관계 맺을 필요가 없는 무관심의 대상으로 여겼다는 것을 의미한다.

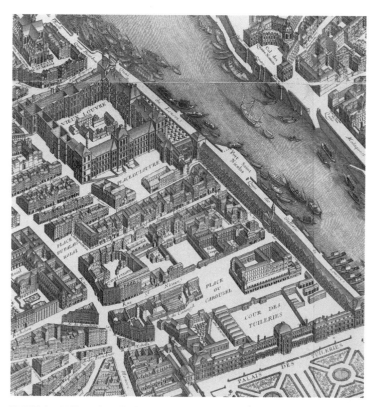

루브르궁과 그 주변(1739년). 프랑스의 오래된 왕궁인 루브르궁은 건립될 때부터 울타리 담장이 아닌, 건물 자체가 왕궁의 경계가 되도록 지은 것을 알 수 있다. 이 경계 건물은 왕궁 내부를 보호하기도 하지만, 인접한 도시와도 직접 소통한다는 점에서 경복궁의 담장과는 다르다. 수많은 창으로 열려 있는 경계 건물 맞은편에 같은 높이의 다른 건물이 들어서게 되고, 왕궁 주변으로는 사방으로 통하는 가로가 만들어진다. 건물이 도시의 도로를 만드는 데 직접적인 역할을 하는 셈이다. 만약 경계 건물을 외부 쪽으로 창 하나 없는 성벽처럼 지었거나, 건물 앞에 높은 담장을 세웠다면 그 주변에는 다른 건물이 들어서기 힘들다는 것을 쉽게 추측할 수 있다.

물론 건축 재료와 건축 방식이 달랐기 때문에 경복궁과 루브르궁(216~217쪽)을 이렇게 직접적으로 비교하는 것은 적합하지 않을 수 있다. 그러나 보안이 가장 요구되면서도 당대 최고의 건축 기술과 자본이 동원되기 마련인 그 시대 최고 수준의 건축물인 왕궁이 이토록 자신을 둘러싼 도시에 대한 태도가 다르다는 점은 되씹어 볼 가치가 있다. (무엇이 맞고 틀리다는 절대 비교나 무엇이 좋고 나쁘다는 상대적인 관점이 아니라) 우리 현대 도시의 여러 가지 문제가 어디서 비롯되었는지 근원을 고민하는 이들에게 많은 시사점과 영감을 주기 때문이다.

우리는 '방'에서 시작해서 '집'으로 그리고 '도시'로 이야기를 넓히고 있다.

아파트 단지

앞에서 언급한 동양과 서양이 전혀 다른 방식의 교도소 구조를 발전시킨 근본적인 이유는, 방으로 대표되는 개인성과 도시로 대표되는 사회성의 작동 방식이 서로 다르기 때문이다. 소속감을 향한 한국인의 '살붙이'적 집착의 결과가 도시적으로 가장 잘 드러나는 표면적 현상은, 특히 최근 들어 한국 현대 도시의 단점으로 자주 지적되고 있는 도시 공공 공간(광장이나 공원 등)의 부족으로 나타난다. 서구의 대도시와 비교하면 서울의 공공 공간의 비율이 현저히 낮다는 사실은 이미 잘 알려져 있다. 개발 우선주의 도시 계획 방식을 지적하는 학자도 있고, 사람들이 서로 한곳에 모이는 것을 불편해했던 식민 시대와 독재 시대의 권위적인 정치권력 때문이라고 분석하는 이도 있지만, 내 의견은 한국인이 선호하고 필요로 한 공간 습관 자체가 열린 공공 공간과 그리 호응되지 않는다는 것이다. 공공 공간이 부족했던 것은 역사적, 경제적, 정치적 요인 같은 거시적 외부 요인 때문이 아니라, 한국인들 스스로 필요로 하지 않았다는 뜻이다. 그동안 성업해 온 작은 방으로 나눠진 식당과 술집에서 한국인은 자신들이 익숙한 규모의 (혈연, 학연, 지연 같은 직접적) 공동체 생활을 불편 없이 영위했으며, 그 밀폐된 공간에서 강하게 결속된 소속감이 가져다 준 심리적 안정감 덕분에 굳이 사회적·도시적 연대의 필요를 못 느껴 왔다는 것이 사실에 더 가깝다. 지금도 노래방과 룸살롱의 작은 방에서 소속감 유지와 강화를 위한 한국인만의 예식이 매일 밤 계속되는 모습은, 바로 그 소속감에 대한 욕구가 여전히 강하게 지속되고 있다는 반증이기도 하다. 6장에서 언급했듯 2002년 월드컵 덕분에 광장에 대한 효용성을 깨달은 대중의 요구에, 정치권력은 답을 내놓아야 했다. 일단 문제점이 드러나면 해결책을 제시해야 할 책임감을 느끼는 전문가나 도시 당국자들은 가로를 정비하고 광장을 설치하는 것으로 공공 공간의 부족 문제를 해결해 보려 안간힘을 쓰지만, 문제의 핵심이 개인성과 사회성, 즉 집단과 공동체를 구성하는 뿌리 깊은 인식의 문제에 닿아 있다는 점을 인정하게 된다면 공공 공간의 확충 정도가 이 문제의 핵심이 아님을 알게 된다.

몇 년 전 어느 무더운 여름날, 오랜 친구의 저녁 초대를 받은 나는 서울 강남에 사는 친구의 아파트로 향했다. 아파트 단지 이름은 이미 알고 있었기에 오는 길을 자세히 묻지 않았던 게 불찰이었다. 택시가 단지 내로 진입이 안 돼 단지 입구에 차를 내린 나는, 친구의 아파트가 단지 반대쪽에 있다는 걸 확인하고 단지를 가로지르기보다 산책도 할 겸 단지의 외부 담장 길을 따라 걷기 시작했다. 그런데 단지 반 바퀴를 걸어 도는 데 한 시간이 걸리다니……. 마침 그날은 폭염주의보가 발효 중이었다. 기진맥진해서 약속 시간보다 늦게 도착한 나에게 친구는 불쌍한 듯 충고라고 한마디 건넨다.

"거기서 다시 택시나 버스를 타지. 왜 걸어와?"

아파트 단지의 반대편으로 가려면 택시를 타야 할 정도라는 말은 그만큼 단지가 넓다는 말이다. 집에 돌아와 도대체 이 아파트 단지의 크기가 어느 정도인지 지도에서 확인해 보니 이럴 수가 있나 싶을 정도의 숫자가 튀어나온다. 2006년 입주를 시작한 그 단지는 세 개의 다른 브랜드 아파트와 40개가 넘는 동과 4천 세대의 아파트, 5천 대를 주차할 수 있는 지하 주차장과 단지 내 갖가지 편의시설을 갖추었을 뿐 아니라 초·중·고등학교, 근린공원까지 품고 있는, 말 그대로 하나의 신도시급 규모였다. 단지 내부에서 자급자족해도 될 정도로 모든 상업 시설과 공원까지 갖추고 있었다. 회사 갈 때 말고는 자기 아파트 단지를 벗어날 일이 없다는 친구의 설명이 그 단지에 사는 사람들의 자긍심을 대변하고 있었다. 어떻게 이런 일이 가능했을까. 더군다나 다른 곳도 아닌 땅값 비싼 서울 강남 한복판이 아닌가. 그때 문득 내 머리에 겹쳐지는 건물이 있었으니 아주 오래전 비슷한 기분으로 걸어 봤던, 높고 거대한 담장에 둘러싸인 강 건너 북악산 아래에 있는 그 궁궐이었다. 건물의 형태와 사는 사람들의 신분만 바뀌었을 뿐, 담장 내부에 자신이 필요한 모든 시설을 갖춰 놓고 외부와의 극단적인 단절을 선택한 바로 이 아파트 단지와 그 건축적, 도시적 논리는 변한 것이 하나도 없었다. 혹시 하는 마음에 경복궁과 이 단지의 면적을 비교했는데, 기묘하게도 크기마저 비슷했다.

사는 집이 아니라 재테크 수단으로 전락해 버린 건설 상품, 전 국민을 획일화된 공간에 똑같이 살게 만든 주범, 집값이 올라도 내려도 모두가 불평만 하는 이상한 시장……. 많은 학자와 전문가가 한국의 아파트를 비판하지만, 그럼에도 사람들은 그곳에 살지 못해 안달하고 오늘도 분양 시장에는 추첨을 기다리는 인파로 가득하다. 논점을 명확히 하면, 이 글은 그동안 충분히 애증의 대상으로, 환호와 비판을 동시에 받았던 한국의 아파트 현상을 다루려는 것이 아니다. 이야기의 핵심은 왜 그곳이 외부에 적대적인 '자폐성'을 갖게 되었느냐 하는 것이다.

1990년대 초반까지도 서울에는 여의도·반포·목동·잠실을 제외하고는 대규모 아파트 단지를 보기 힘들었다. 아파트 몇 채가 모인 소규모 단지가 대부분이었다. '불법' 외부 주차 문제는 그때에도 있었으나 그렇다고 외부 차량이 단지에 들어오는 것을 일부러 막지는 않았다. 진짜 외부인인지 방문객으로 온 차인지 일일이 구분하기 힘든 부분도 있었고, 그때까지만 해도 주차장 공간이 여유 있었다. 보행자라면 그 어떤 제지 없이 이 단지에서 저 단지로 자유롭게 통행할 수 있었고, 옆 단지 사는 지인을 만나기 위해 굳이 단지 입구에서 신분증을 맡길 필요도 없었다. 단지를 둘러싼 담장이 없었기 때문이다. 그런데

2000년대 이후 대규모 재개발 조합이 갖추어지고 시공 회사끼리 브랜드 경쟁이 붙으면서 지상에 공원을 설치하고, 다양한 편의시설을 갖추고, 아파트가 주상 복합화하면서 단지들이 서로 차별화하고 고급화하려는 경향이 나타난다. 그리고 단지의 규모가 커지자 예전에는 문제되지 않던 것들이 심각한 문제가 되기 시작한다. 입주민들이 이른바 안전과 보안에 민감해지면서 단지에 외부인이 자유롭게 들어오는 것을 꺼림칙하게 여기기 시작한 것이다. 집단 이기주의의 전형으로 많은 비판을 받기도 하지만, (자신들이 지불해서 만들었고 자신들이 관리와 운영을 하는) 단지 내 도로, 공원과 편의시설을 왜 (비용을 지불하지 않은) 외부인이 사용하게 놔두느냐 하는, 어쩌면 당연해 보이는 태도이기도 했다. 단지가 다른 주변 지역과 고급화·차별화하려는 욕구가 커질수록 그런 이기적인 방어성도 함께 커져 갔다. 그런데 단지의 크기가 조그만 동네의 수준을 넘어 소규모 도시에 버금가는 크기로 팽창하자, 도심 도로의 차량 정체를 피할 수 있는 지름길을 찾아서 단지를 통과하려는 외부 차량이 생겨났다. 이를 보다 못한 주민들은 이 '불법' 진입 차량을 막기 위해 입구에 출입 통제 시설을 설치하고, 통행료를 받는 단지까지 생겨났다. 또한 잘 가꾸어진 단지 내 공원을 이용하러 들어오는 외부인(대부분 이웃 주민)이 못마땅해졌고, 자기 단지를 가로질러 등교하는 이웃 단지 아이들이 눈엣가시처럼 보이기 시작했다. 결국 이 모든 '침입자'들을 막기 위해 담장이나 차량 차단기, 심지어 스크린 도어를 설치한 곳이 속출한다. 단지가 주위에 적대적인, 소위 '요새화'된 것이다.

2020년까지 아파트 단지 내에서 음주 운전을 하거나 교통 사고를 내도 처벌할 수 없었다는 사실을 아는 사람은 많지 않다.[*] 아파트 단지 내 도로는 도로교통법상 도로가 아니기 때문에 보행자 보호 의무가 적용되지 않았다. 단지 입구에서 차단기로 막아서 외부 차량이 통행할 수 없다면 도로 '외' 구역으로 분류되기 때문이다. 단지가 도시만큼 커져 단지 내 도로가 사설 통행로 정도가 아니라 웬만한 소도시의 간선도로 같은 규모가 되어도 이곳을 도로라고 부르지 못한 이유는, 실제로 공공 도로가 아니라 사설 통행로이기 때문이다. 어쩌면 당연한 일이었다. 공공의 비용으로 설치하지도 않은 도로를 어떻게 공공의 법령으로 규제한단 말인가. 규제하려면 건설은 물론이고, 정비나 관리도 해야 할 것 아닌가. 한 건축학자는 이것을 국가의 '책임 방기'라고 표현한다.[8] 핵심을 찌르는 정확한 해석이다. 아파트 공화국이니, 아파트 망국론이니 하며 아파트가 많은 비판을 받고 있지만, 병증의 진짜 원인은 '아파트'가 아니라 바로 '단지'가 생기는 도시적 메커니즘에 있었던 것이다.

---

[*] 2020년 11월 27일에야 비로소 개정된 교통안전법에서 아파트 단지 내 교통 안전 시설 강화를 의무화했다.

환각제

전쟁의 폐허에서 급속한 경제 성장을 향한 무한 경주를 했던 1970~1980년대 개발 시기, 질 낮은 도시 환경과 빈약한 사회 안전망 속에서, 부족한 국가 차원의 대규모 투자 없이도 녹지, 놀이터, 주차장을 갖춘 현대적이고 위생적인 주택을 건설할 방법을 궁리했고, 아파트 단지라는 비책을 고안해 냈다. 집을 살 수요자에게 도로와 공원, 주차장, 편의시설 같은 도시 인프라 시설의 비용까지 전가하면 되는 것이었다. 자기 아파트뿐 아니라 집 주변 단지의 외부 공간까지 만들기 위해 훨씬 비싼 값을 지불하고 입주한 수요자도 몇 년 있으면 더 오를 집값이 담보되어 있었기에 잃을 게 없는 거래였다. 더구나 새 아파트 단지는 복잡하고 지저분한 주변 동네보다 안전하고 편하고 잘 가꿔져 있었다. 정부와 기업과 개인은 바로 이 점에 암묵적인 합의를 이루었고, 수십 년 동안 이 거래는 서로에게 상당한 이익을 주며 지속되었다. 국가는 도로를 만들고 공원을 조성하고 택지 개발하느라 드는 비싼 비용과 골치 아픈 관리 책임 없이도 낙후된 지역을 쉽게 개발할 수 있는 편리함에 만족했고, 기업들은 건물을 짓기도 전에 도면과 모델 하우스만 보고 선금을 지불하는 맘씨 좋은 소비자 덕에 똑같은 아파트를 양산하기만 하면 돈을 버는 편안한 장사에 행복해 했다. 그리고 비싸도 일단 청약에만 성공하면 몇 년 후 몇 배는 오를 집값에 소비자 또한 환호하는, 모두가 즐거운 '마법의 잔치'를 즐겼다. 그런데 건물뿐 아니라 도로나 공원도 자신이 낸 돈으로 만드는 게임의 논리 때문에 단지 자체가 입주민들만 사용할 수 있게 폐쇄적인 성격을 갖게 되는 것은 자연스러운 수순이었다. 그나마 단지의 규모가 크지 않았을 때는 그것이 향후 가져올 재앙을 아무도 눈치채지 못했을 뿐이다. 작은 눈덩이가 경사진 눈밭을 구르면 어느 순간 누구도 멈추지 못하는 괴물이 된다.

아파트에 관련된 모든 이들(정부, 기업, 개인)에게 짭짤한 이득을 가져다주던 부동산 게임이 몇십 년 같은 논리로 지속되자 어느덧 불변의 진리처럼 공고해졌고, 덩치를 급격히 불리기 시작한다. 1970~1980년대 초창기에 지어진 아파트의 재개발 주기가 돌아오자 시장은 지금까지의 부동산 사업 가치를 뛰어넘는 더 큰 보물섬을 발견한다. 기존 아파트의 입주민 협의회가 조합을 설립해서 단지의 크기를 키울수록 조합원에게 돌아오는 혜택이 많다는 것을 깨닫게 된 것이다.* 결국 인근 소규모 택지까지 아귀처럼 흡수해 몸집을 불린 거대 단일 아파트 단지가 속출하게 된다. 수십 년간 그랬던 것처럼 국가

---

* 여기에는 '용적률'이라는 자본 논리적 게임의 규칙이 있다. 재개발 부지의 면적이 커질수록 지을 수 있는 아파트의 평수는 늘어나고, 결국 기존 조합원에게 배당될 몫도 늘어나는 구조다.

(지자체 포함)는 단 한 푼의 예산 투입 없이 낙후된 지역(30년 전에는 이곳이 막 새로 개발된 현대적이고 '모범'적인 지역이었다)이 깔끔하게 재개발되니 강 건너 불구경하듯 바라본다. 그나마 개발 이익을 환수해 다른 곳에 투자케 하는 정도의 개입이 드물게 시도되나 그것도 공룡처럼 커진 부동산 조합과 금융 자본의 극렬한 반대로 쉽지가 않다. 바로 이 지점을 박인석 교수는 공공의 '책임 방기'의 결과라고 지적한 것이다.

공공은 뒷짐 지고 아무도 책임지지 않는 사이, 한 사람 한 사람의 끈질긴 이기심은 서로 힘을 합해 도시 속에 거대한 그들만의 성을 쌓았다. 이런 단지는 규모가 작고 그 수가 적었을 때는 눈에 띄지 않다가, 이미 도시를 불구로 만들기 시작하고서야 그 문제가 세상에 알려진다. 길은 끊어지고, 통행은 막히고, 교류는 사라지는 도시적 '진공 상태'가 된 지역이 곳곳에 속출했다. 남을 못 들어오게 자기 단지를 막으면, 자신도 남의 단지에 못 들어가는 처지가 된다. 그렇게 도시가 진화하면 결국 자신이 도시에서 지낼 수 있는 곳은 (아마도 잘 가꾸어진) 자기 단지밖에 남지 않는다. 결국 모두가 자신의 단지 속에 '갇혀 버리는' 것이다. 누구나 상상할 수 있는 이런 도시의 암울한 미래 시나리오는 지금 당장 내가 얻게 될 분양 이익에 비하면 터무니없이 멀고 비현실적인 가치일 뿐이다. 공공의 이익은 멀고 모호하지만, 개인의 이득은 쉽고 직관적이다.

서울 강남. 한국의 지리를 모르는 사람이 이 사진을 본다면 가운데 고속도로로 나뉜 좌우가 서로 다른 나라
라고 착각할 정도로 극단적으로 다른 도시 구조가 서로 이웃하고 있다. 사진(△)으로 보면 좌측 아파트 단지
는 녹지도 많고 건물 간의 간격도 넓어서 잘 정돈된 것처럼 보이는 반면, 우측 지역은 공원 하나 없이 중소 규
모 건물이 가득 채워져 답답하고 복잡해 보인다. 그런데 사진을 지도(▷)로 바꾸어 보면 건물이 아니라 길이 눈
에 띄는데, 좌측 단지에는 차가 다닐 만한 공식 도로가 없다는 것을 발견하게 된다. 좌측 반포동 지역은 우측
논현동 블록과 면적은 거의 비슷하지만 거대한 담장으로 둘러싸여 사실 통행로로만 연결된 고층 아파트 '단
지'다. 이 거대한 지역은 거주민 외 누구도 들어올 수 없는 배타적 사적 재산권이 행사되는 사유지라는 뜻이다.

(좌측) 단지에 사는 사람은 (우측) 동네에 자유롭게 갈 수 있지만 반대로는 안 된다. 도시 이용에서 극단적인 비대칭성이 발생한 것이다. 신체 내 어떤 세포가 혼자 비정상적으로 증식하여 다른 부위의 기능을 적대적으로 잠식하고 결과적으로 인체의 전체 기능을 떨어트릴 때, 의학 용어로 그것을 '암'이라고 부른다. 다른 쪽의 희생을 제물로 증식하는 암세포가 무서운 이유는 최초 발병 위치에서 얌전히 있지 않고 다른 곳으로 세력을 불려 나가기 때문이다. 이를 '전이'라고 한다. 그러나 암세포 입장에서 보면 그런 상황이 불리할 게 없다. 자신은 비대칭적으로 (자기 쪽으로만) 혜택만 입는 구조이기 때문이다. 우리 모두는 이 현상이 발전하면 신체인 도시가 어떤 결말을 맞게 되는지 알고 있다. 그런데 그 신체의 종말은 암세포의 종말도 포함한다.

마을과 도시

한국인이 혈연 중심 문화에서 내면화해 온 '소속에 대한 집착'
은 어려운 시절, 서로에게 심리적 버팀목이 되어 왔고, 자신이
가진 능력보다 더 큰 '품앗이'적 시너지로 개인과 집단이 서로
도움을 받는 구조였기 때문에 오랫동안 그 명맥을 이어 왔고
지금도 여전히 유지되고 있다. 그러나 그 욕망은 혈연이나 지연
같은 씨족 공동체 사회의 폐쇄적 특성에 뿌리를 두고 있고, 우
리가 건설하고 사용하는 집과 도시는 우리가 인식하지 못하는
사이에 끼리끼리만의 공동체를 잉태하고 강화하기 위한 도구
로 사용된다. 그런데 천만 가까운 오늘날 서울 인구 중 과반수
가 넘는 사람이 다른 지역에서 온 사람들이고, 그중 3.3퍼센트
는 아예 다른 나라에서 온 사람들이다. 이미 씨족 사회 기반의
'마을'의 의미는 인구수뿐 아니라 인구 비율에서도 사라진 지
오래라는 의미다.

많은 사람이 거대 도시가 된 서울이 비인간적이고 삭막하다
는 말을 자주 한다. 또한 많은 도시·건축 전문가들이 오늘날의
비인간화, 우범화, 개인화 같은 도시 문제의 원인을 지역 공동
체 와해에서 찾고, 그 대안으로 '도시'가 아닌 '마을'을 회복시켜
야 한다고 주장한다. 정이 넘쳤던 옛 시골 고향을 그리워하는
대중의 욕망을 읽은 전문가들은 현대 도시 문제의 대안으로 공

동체가 활성화된 '마을'을 다시 복원하고자 안간힘을 쓰고 있다. 그런데 우리는 '마을'이 지향하는 실체가 사실은 '부족형 도시'임을 잘 인지하지 못한다. 부족은 민족이나 씨족같이 동일한 태생과 역사적 배경을 가지고, 공통의 문화나 언어, 가치관 위에서 공동생활을 영위하는 집단을 의미한다. 그들이 어울려 사는 마을은 한결같이 내부 결속이 강해 내부에서는 화목한 분위기를 유지하지만, 그 공동체를 지키기 위해 울타리를 세우고, 그 울타리 밖은 등한시하거나 적대시하는 속성을 동반한다. 정말 서늘한 아이러니는 바로 여기에서 등장한다. 공동의 부동산적 가치를 공유하고 경제적 이익 단체(입주자협의회의 다른 말)가 되어 서로 힘을 합해 주변 지역에 적대적으로 변해 버린 거대 아파트 단지는 과연 마을인가 아닌가 하는 (비수 같은)* 질문을 받았을 때 우리는 말문이 막혀 버리고 만다. 그 단지 내부는 단일 가치(변한 것이라고는 혈연적 결속이란 가치가 경제적 이익이란 가치로 변한 것뿐이다)를 공유한 부족의 특성을 그대로 지니고 있기 때문이고, 이런 단지가 잉태된 배경도 바로 그 특성의 원형이 무의식중에 계승되고 발전됐기 때문이다. 외부에서 볼 때는 자기들만 아는 이기적인 집단으로 보이지만, 내부에서는 서로 이심전심이 통하는 더할 나위 없는 공동체다. 내부적으로

• 내가 이 단어를 괄호 안에 묶은 이유는, 어떤 이에게는 비수 같이 들리지 않을 것을 알기 때문이다.

는 잘 작동하는, 우리가 상상하는 바로 그 '마을'인 셈이다. 단지 잘 작동한다는 것이 오직 '내부에서만'이라는 게 유일한 문제일 뿐이다.

가족적 내^집단의 결속감에 기초한, 유난히도 내·외를 구분하는 우리의 부족적 공동체 문화는 '집' 내부에서는 유기적으로 연결되고, 외부와는 단절을 택한 '울타리' 건축 문화로 형상화돼 왔다. 그리고 그 자기중심적 건축은 다시 우리의 소^집단식 공동체 문화를 공고히 하는 역할을 해 왔다. 그러나 서로 단절된 그 소집단들을 어떻게 연결시키고 관계시킬 것인가 하는 문제는 이른바 공공의 문제, 즉 '도시'의 문제였다. 하지만 역사를 통해 길과 도로에 대한 책임 의식이 없었던 한국인의 '공공'은 단지와 단지가 들어서고 남은 '사이' 공간에 신호등과 감시 카메라를 설치하는 정도로 자기 할 일을 다 했다고 여겼고, 각각의 마을들이 울타리를 치는 진짜 이유에는 눈을 감았다. '공동체 붕괴'라는 오늘날 도시의 문제를 해결하기 위해 선택한 것이 또다른 '자기들끼리만 뭉치는' 파편적 공동체를 양산하는 것이다. 각각은 잘 결속된 마을들이 상호 적대적으로 대립하는 도시가 아닌, 도시 전체가 수월하게 소통할 수 있는 길과 건물이 서로 열리고 연결된 도시. 이것이 공동체 붕괴라는 현대 거대 도시의 본질적 문제 해결의 실마리가 될 것이다. 마을 공동체와 도시 공동체는 속성 자체가 다르다. **마을은 끼**

리끼리 '화목한' 공동체지만, 도시는 전체가 '반목하지 않는' 공동체이기 때문이다.

　그러나 과연 그것이 가능할 것인가에 대한 질문에 나 자신도 선뜻 대답이 망설여지는 이유는, 한 번도 도시에 대한 자신의 본분을 자각해 본 적 없는 우리의 '공공'의 정체를 깨달은 각성의 고통보다, 나 자신도 오늘 저녁 술자리가 파할 무렵 언제나처럼 친구들과 노래방으로 향할 것 같은 데자뷔 때문이다.

9장

왜 아이들은
항상 어지를까

세상에 절대란 것은 절대 없다지만 그것에 가까운 경우가 하나 있긴 하다. 가족이 함께 사는 집이라면 예외 없이 울려 퍼지는 엄마의 신경질 가득한 이 불평 한마디.

"방 정리 좀 해라. 방이 왜 그 모양이니?"

정말로 재미있는 것은 시대와 지역을 막론한 거의 모든 엄마가 매일 똑같이 반복하는 '잔소리'지만, 한 번도 남편이나 아이들이 알아서 청소하는 경우가 없다는 거다. 왜 엄마는 치우려(또는 치우게 하려) 하고 아이들은 왜 어지르려 할까? 가족 간에는 도대체 무슨 일이 일어나고 있는 걸까?

공간 주도권

그 사실을 인지하는 사람은 드물지만 알게 모르게 사람은 공간
에 대한 '주도권'을 갈구한다. 주도권이라고 하니 탐욕이나 투
쟁 같은 부정적인 뉘앙스로 들릴지 모르겠지만 내 방, 우리 집,
단골집, 우리 동네, 우리나라…… 같이 공간 앞에 '나'와 '우리'
같은 소유 형용사를 붙일 정도로 친숙하고 애정이 깃든 장소라
면, 그곳에 대한 자신의 주도권이 이미 어느 정도 행사되고 있
다는 의미다. 나의 방이라면 가구 배치를 바꾸고, 마음에 드는
색의 커튼을 다는 것에 대해 다른 이의 허락을 구하지 않는다.
우리 집이라면 속옷 바람으로 돌아다니는 데 거리낌을 느끼
지 않고 음악을 크게 틀어도 개의치 않는다. 단골집이라면 으
레 좋은 자리를 선택할 권리와 가게 마감 시간이 넘어서도 남
은 술을 마저 마실 수 있는 주인장의 배려를 기대한다. 우리 동
네라면 경비 아저씨의 양해를 구하고 아파트 현관 앞에 잠깐
주차하는 정도의 권리는 가진다. 우리나라라면 공항 입국 시에
줄을 길게 서는 외국인 입국 심사대가 아닌, 내국인 전용 자동
입국대로 지체 없이 통과하는 특혜를 누린다. 이렇게 우리는
크든 작든 공간에서의 주도권을 행사하려 하고, 그것이 어느
정도 획득됐을 때 그곳에 애착을 느끼고 편안함을 느낀다. 한
공간지리학자는 애착이 느껴질 때 비로소 공간space이 장소place
로 바뀐다고 표현한다.[9]

그런데 왜 엄마는 아이들 방이 어질러진 것을 참지 못할까? 왜 거실에 신문과 잡지를 아무렇게나 펼쳐 놓고 졸고 있는 남편을 볼 때면 자신도 모르게 짜증이 날까? 반대 방향에서의 질문도 가능하다. 왜 아이들은 엄마의 계속되는 잔소리에도 자신의 방이 어질러져 있다는 것을 느끼지 못할까? 남편은 왜 다음 날 이어 보려고 응접실 테이블 한편에 접어 둔 책이 다음 날 책장에 꽂혀 있는 것을 발견했을 때, (미안해하기는커녕) 묻지도 않고 자기 책을 치웠냐며 역정을 낼까? 이런 엇갈린 상황이 발생하는 진짜 이유는 엄마도 다른 가족 구성원도 각자의 방식으로 공간 주도권을 행사하려 하기 때문이다. 서로 자신의 공간이라고 생각하는데, 그 생각의 방식이 서로 다르다는 게 이 '분쟁'의 핵심 원인이다. 아이를 키우고 살림을 도맡아 온 엄마의 경우(맞벌이를 넘어 남편이 육아하는 경우도 많은 요즘 부부들은 다를 수 있다), 집 구석구석의 사용은 물론이고 (청소를 포함한) 모든 관리 책임도 자신에게 있다고 생각하는 경향이 강하다. 실제로 아침에 남편이 출근하고 아이들이 학교에 가면 숙제하듯 집 안 청소와 빨래를 한다. 말 그대로 사용자이면서도 관리자의 입장에 서 있는 것이다. 반면 아침에 집을 나섰다 저녁 늦게 돌아온 남편과 아이가 공간에 갖는 태도는 조금 다르다. 청소와 정리를 도맡아 하는 엄마와 같은 관리자 입장에 서 본 적이 없기 때문에 공간을 사용하긴 하지만, 머무르고 누리는 정도의 주도권만 가진다. 그런데 이 공간 주도권을 둘러싼 사람들 간의 심리 속에 중요한 공간의 비밀이 숨겨져 있다는 사실은 엄마도, 가족도 미처 상상하지 못했을 것이다.

다음은 캐나다의 한 노인 요양원에서 실제로 일어난 일화다. 새로 개설된 시립 요양원에 부임한 의사 험프리 오즈먼드 Humphry Osmond는 흥미로운 상황을 목격한다. 특별히 신경 써서 말끔히 새로 지은 '시범' 여자 노인 병동은 모든 것이 새것이고, 빛나고 말쑥하고 깨끗했으며 공간도 넉넉하고 방의 색상도 밝았다. 외관상으로는 그 어떤 문제점도 없는 듯 보였지만, 문제가 하나 있었다. 어쩐 일인지 환자들이 병동에 오래 머물수록 대화를 나누는 일이 적어지는 것 같다는 점이었다. 그들은 점차 일정한 간격의 침대 안에서 고요하게 벽에 부착된 가구처럼 변해 갔고, 모두가 침울해 보이기까지 했다. 보기에는 깔끔하고 고급스럽게 지어진 요양원이지만, 그곳에서 살고 있는 노인들은 점점 우울해지는 이 기괴한 상황을 해결하기 위해 오즈먼드는 심리학자 로버트 소머 Robert Sommer에게 공간 심리 분석을 의뢰한다. 그리고 오랜 관찰 후에 심리학자가 내린 결론은 놀랍게도, 새로 지어진 공간은 사회 원심적 공간으로 가득하고 사회 구심적이라 할 만한 공간은 거의 없다는 것이었다. 알고 보니 관리 직원이나 간호사들이 관리가 수월하다는 이유로, 원래는 작은 원형으로 이루어졌던 의자의 배열을 면회 시간이 지나자마자 군대식으로 벽을 따라 일렬로 가지런히 배열하고 있지 않은가. 그 때문에 외관상으로는 말끔하게 정리된 것처럼 보였지만 그곳에서 시간을 보내는 사람들의 대화는 점점 줄어들고 있었다. 서로 멀어지고 있었던 것이다.[10]

사회 구심적 공간과 사회 원심적 공간

사회 구심적 혹은 사회 원심적이란 개념은 공간 심리학에 등장하는 개념인데, 언뜻 어렵게 들려도 사실 그 의미는 간단하다. 우리가 중학교 과학 시간에 배웠던 원심력·구심력이란 개념처럼 외부로 밀어내거나 내부로 당기는 어떤 힘을 이야기하는 거고, 그 앞에 붙은 '사회'라는 수식어는 '사람끼리'라는 의미다. 즉, 사회 원심적 공간이란 사람들을 떼어 놓는 힘이 강한 공간을 말한다. 구체적인 예로 기차역이나 공항, 병원의 대합실을 떠올려 보면 이해하기 쉽다. 의자가 한쪽 방향으로 고정되어 있고, 크고, 무겁고, 재질도 딱딱한 경우가 대부분이다. 여기에 앉아 있으면 옆 사람과 쉽게 대화하기도, 마음 편히 책을 읽기도 그리 편안하지 않다. 필요 때문에 잠시 거쳐 가는 공간이지 머무르고 싶은 공간은 아니다. 병원 대기실에서 데이트 상대를 만나는 사람은 없다. 많은 사람과 함께 같은 장소에 앉아 있는데, 주변에 있는 사람들은 이상하게 멀게 느껴지고 외롭고 혼자라는 느낌이 들기도 한다. 그래서 주로 눈앞에 놓인 전광판이나 텔레비전을 보거나 자신의 휴대전화를 쳐다보면서 그 공간에서 보내는 시간을 '때운다'.

반면 구심적 공간이란 사람들을 모이게 하는 공간이다. 이런 공간들의 공통점은 서로 마주 보고 앉기 편하게 좌석 배치가

△ 워싱턴 DC, 유니온역

▽ 하네다 공항

역이나 공항의 대합실에서는 서로 이야기하는 사람을 찾아보기 힘들 정도로 분위기가 경직되어 있고 딱딱하다. 대부분 무언가에 홀린 사람들처럼 전광판이나 휴대전화에만 시선이 가 있다. 사람들 간에 보이지 않는 원심력이 작용하는 대표적인 공간이다.

자유롭고, 의자도 움직이기 쉬운 가벼운 재질이며 테이블도 크지 않다. 사람들끼리 서로 가깝게, 편하게 앉기 용이한 구조다. 야외 테라스 카페나 동네 입구에 놓인 평상 같은 공간은 놀랄 정도로 사람을 모여들게 한다. 편하게 옮겨 앉을 수도 있고 자연스럽게 끼어서 합석도 가능하다. 일행은 물론이고, 누군가를 처음 만나도 금방 친해진다. 이곳에서 휴대전화에 고개를 처박고 있는 사람은 드물다.

사회 구심적 공간과 사회 원심적 공간의 결정적인 차이점은 사용자와 관리자 중에서 **누가 공간 사용의 주도권을 가졌느냐** 하는 것이다. 앞서 언급한 요양원의 예처럼 관리 직원들이 자신들이 청소하기 편하게 의자 배치에 대한 주도권을 가져가는 순간(의자가 일렬로 배열되어 있고 벽에 붙어 있을수록 청소가 편하다), 자유롭게 옹기종기 모여 이야기하고 편한 곳에서 책을 보면서 시간을 보냈던 노인들은 그 공간 속에서 수동적인 존재로 전락한다. 깨끗하고 잘 정리돼 보이는 공간 속에 사용자는 주체가 아닌 객체가 되어 버리는 의외의 현상이 생겨나는 것이다. 반면 노천카페나 평상에서는 자신이 앉을 자리와 방식을 사용자가 선택한다. 그 덕에 공간 사용의 참여자이자 주도자가 된다. 공간에 대한 '심리적 소유권'이 생기는 것이다. 공간 소유권은 공간에 대한 애착으로 발전하는 핵심 요소다.

동·서양의 대표적 사회 구심적 공간, 평상(△)과 카페 테라스(▽)

구심적 공간이 좋고 원심적 공간이 나쁘다는 의미는 아니다. 원심적 공간이 필요한 곳도 있고, 그런 곳까지 구심적인 공간일 필요는 없다. 그런데 당신이 섬세한 관찰력을 가진 주부라면 이런 순간을 포착했을 수도 있다. 오랜만에 마음먹고 거실 청소를 하느라 굴러다니던 아이들 장난감도 '치우고', 남편이 읽던 책도 '정리해서' 서재에 다시 꽂아 두고, 의자를 '보기 좋게' 재배열하고, 바닥을 걸레질해서 '번쩍거리게' 청소했는데, 저녁에 돌아온 아이들과 남편이 깨끗해진 거실에서 뭔가 갈피를 못 잡고 어색해하는 미묘한 순간 말이다. 이내 아이들은 다시 장난감을 가져와서 놀기 시작하고, 읽던 책을 잃어버린 남편은 눈에 보이는 신문이라도 펼쳐 든다. 주부 입장에서는 기껏 정리해 놓으니 다시 어지른다는 불쾌감이 동시에 들겠지만, 엄마의 불편한 마음을 아는지 모르는지 가족들은 자신만의 공간 점유를 다시 시도한다. 집 안 청소 한번 제대로 해 본 적 없는 아들과 남편의 입장만 경험해 본 내가 이런 말을 하는 것이 난센스처럼 들리기도 하겠지만, 실제로 원하는 대로 집 안 정리에 성공한 어머니가 그리 많지는 않은 것 같다. 하지만 자신이 기껏 정리한 공간을 어지르는 가족에게 답 없는 신경질을 내는 것보다, 자기 방에 대한 주도권(청소를 포함한)을 사용 당사자에게 현명하게 양도하는 방법을 고민하는 것이 좀 더 전략적인 태도인 것은 분명하다.

그런데 이 공간 주도권 싸움이 집 안에만 국한된 문제라면 흔한 일상의 문제로 치부할 수도 있겠지만, 누가 주도하느냐에 따라 도시의 모습 자체가 바뀌는 문제라면 이 질문이 내포한 함의는 생각보다 더 멀리 확장된다.

길은 누구의 것인가

공간 주도권의 숨은 비밀을 이해하기 위해 잠깐 멀리 떠나 볼 필요가 있다. 중서부 유럽의 소도시들을 여행하는 관광객은 피사의 사탑이나 피렌체의 두오모같이 사람들의 시선이 집중된 크고 유명한 건축물 아래 있는, 도시의 좁은 길에서 벌어지는 치열한 공간 주도권 전쟁을 눈치채지 못할지도 모른다. 그런데 프랑스 남부나 이탈리아 중부의 소도시에서 하룻밤 묵는다면 도시의 소유권을 둘러싼 섬세하고 복잡한 '줄다리기'를 좀 더 명확하게 관찰할 수 있다. 낮에 관광객과 이방인에게 점령됐던 도시가 그들이 빠져나가고, 저녁에 그 도시의 거주자만 남게 될 때 도시는 놀랍도록 원래의 모습으로 되돌아가기 때문이다. 라스베이거스처럼 낮이건 밤이건 도시의 주도자가 동일한 상황과 달리, 낮과 밤에 따라 도시의 주인*이 바뀌는 셈이기 때문에 도시 공간의 사용 방식은 극단적인 양면성을 띠게 된다. 나는 사람들이 활동을 시작하기 전, 새벽 시간에 일어나 새로 방문한 도시의 산책을 즐기는 편이다. 인파와 상점의 시끌벅적한 분위기 같은 가변적 요소가 사라진, 기본값 같은 도시의 원형을 발견하기 좋은 시간이기 때문이다. 내가 이탈리아 중부의 아

---

* 도시의 주인이란 도시의 주 사용자를 뜻한다. 관광객이 점령한 유럽의 유명 도시는 관광객의 편의와 소비를 위해 도시의 주요 구조가 재편된다.

름다운 소도시 아시시Assisi의 골목에서 다른 관광객들이 도착하기 전인 인적이 드문 새벽에 다음과 같은 일련의 장면을 발견했을 때, 인간의 공간 주도권에 대한 이탈리아인들의 극도로 섬세한 도시적 감각을 눈치챌 수 있었다.

유서 깊은 가톨릭 성지와 근대 서양 미술의 시초로 여겨지는 화가 조토Giotto•의 작품을 보기 위해 매년 엄청난 관광객이 몰려드는 아시시는 언덕 경사지에 자리 잡은 작은 도시다. 도시가 전체적으로 경사져 있기 때문에 도시를 크게 지그재그로 굽이쳐 올라가는 넓은 주도로와 그 사이를 촘촘하게 연결하는 경사 급한 골목길로 이루어져 있다. 그나마 완만하고 넓은 도로는 주로 차량이 다니고, 이 도로를 따라 유명한 교회나 상점, 식당들이 위치해 있다. 때문에 대낮에는 도시를 가득 메우는 관광객의 인파도 주로 이 길을 따라 움직인다. 반면 상점들이 아닌 거주민들의 집은 주로 경사가 급하고, 좁은 골목길을 따라 위치해 있다. 그래서 관광객과 거주민의 동선이 서로 완전히 일치하게 겹치지는 않는다. 그런데 이 완만한 큰길과 좁고 경사 급한 골목길에서는 전혀 다른 성격의 공간 주도권 싸움이 벌어진다.

• 본명 조토 디본도네(Giotto di Bondone, 1267~1337). 이탈리아의 화가 겸 건축가. 서양 미술에 최초로 투시도법을 도입하여 평면적인 회화에 공간감을 표현한 화가로 알려져 있으며, 오랜 중세 비잔틴 미술에서 벗어나 르네상스 시대를 연 선구자로 평가받는다. 이탈리아에서는 미술사를 조토 전과 후로 나눌 정도다.

조금이라도 차량이나 인파의 통행이 빈번한 곳은 건물들이 길에 적대적으로 변한다. 길 쪽으로 난 창은 덧문 등으로 막혔거나 작아졌고, 건물은 길과 팽팽한 긴장감을 유지한다. 도로에 면한 건물은 경직되다 못해 요새 같은 성벽을 보는 듯한 착각이 들 정도다.

◁ 차가 다닐 수 없을 정도로 경사지거나 좁은 골목길에서는, 이 길에 면한 집들에 의해 공간 주도권이 행사되며 '사유화'가 시도된다. 외지인들의 통행이 상대적으로 적기 때문이다. 이 사유화라는 말은 '소유의 사유화'가 아닌, '사용의 사유화'를 뜻한다. 즉 길도 자기 집의 연장 공간인 것처럼 화초를 가꾸기도 하고, 테라스처럼 테이블과 의자를 내어놓고, 아이들도 자신의 앞마당처럼 이곳에서 이웃 아이들과 숨바꼭질을 한다.

▷ 간헐적으로 이곳을 지나는 보행인의 통행을 방해하지는 않지만, 그렇다고 통행을 권장하지도 않는 미묘한 중용의 공간이다. 눈썰미가 있는 독자라면 집으로 올라가는 자기 집 계단을 길의 계단과 비슷하게 만들어서 마치 길 전체가 하나의 사적 공간처럼 보이게 한 집주인의 솜씨를 알아차릴 수 있을 것이다. 처음 이 길을 들어선 이방인이라면 마치 개인의 정원으로 착각해 지나가도 되는지 망설이게 할 정도다.

길을 직접 사용하지 않는 위층에 사는 주민은 벽면에 화초를 키우는 것으로 길의 분위기를 한껏 돋우는 데
참여한다.

사실 이런 예는 멀리 유럽까지 갈 필요도 없이 우리 주변에서도 흔히 볼 수 있다. 주말이면 인파로 뒤덮여 북새통을 이루는 북촌의 한옥 골목에서 살아가는 원 거주민들은 관광객이 몰려오기 전 이른 아침에 그 골목을 빗질하고 대문 앞 화초에 물 주며 한가하고 여유로운 그들만의 동네 산책을 즐긴다. 그러나 점심시간이 가까워 오고 관광객이 몰려오기 시작할 즈음 그들은 대문을 잠그고 집 안으로 숨어든다. 원래 그곳에 살던 거주민들에게 이웃과 조촐히 사용하던 '자신들의 영역'에 무뢰한 침범을 범하는 이방인의 발길이 결코 반가울 리 없으리라는 것은 쉽게 추측해 볼 수 있다. 평상도 내어놓고 고추도 내어 말리고 아침마다 비질도 하던 자신의 (주도권이 행사되던) 공간이었는데, 이방인이 많아지면서 소음과 호기심 가득한 눈길 때문에 길 쪽으로 창문을 열어 놓기가 꺼려질 정도로 폐쇄적이고 자기방어적으로 바뀌어 가는 것은 이상한 일이 아니다.

「6장. 만남의 광장에서 누굴 만나는가」에 언급된 자신의 가게 앞길을 청소하고 꾸미는 (다른 차가 주차하지 못하게 '무단' 전용까지 범하는) 상점 주인도 사실은 그 공간이 자기의 영역이라는 애착과 소유감이 있기 때문이다. 법적 소유권과 사용권이 개인에게 주어진 적 없는 '공공의 재산'인 길이지만, 심리적 소유권은 공과 사의 모호한 경계에 접해 있다. 그런데 이런 개인에 의한 도로의 '무단 전용'이 발생하는 곳은 흔히 사회 구심적

북촌 한옥마을 골목. 건물의 인간적인 스케일과 고즈넉하고 마음을 편하게 하는 길의 분위기 때문에 많은 인파가 찾지만, 인파가 가득할 때 실제 거주민은 '자신들의' 길에 등을 돌리게 된다.

공간이 된다는 점을 주목할 필요가 있다. 공간에 애착을 가진 사람들이 그곳을 청소하고 가꾸기 때문이고, 사람들은 그 '사람 냄새'를 맡고 모여들고, 사람들이 모이기 때문에 또 다른 사람도 모여든다. 이런 곳에서는 사람들이 더 잘 '보여' 서로 만나고 마주치는 게 더 즐겁다.

인간이 자기 집이 아닌 장소인 길을 가꾸고 청소한다는 것은 그 공간에 애착을 느낀다는 의미다. 애착은 공간 주도권에서 비롯된 소유감에서 온다. 왜 자신이 소유하는 곳도 아닌데 소유했다는 생각(착각)을 할까? 어떤 조건이 성립해야 공간에 그런 감정이 생길까? 그런 공간을 인위적으로 만들어 내는 것은 가능할까? (도시 공간을 구심적으로 개편할 실질적인 방법이 있는가에 대한 질문이다.) 바로 여기에, 모호하기 때문에 우리가 미처 그 존재를 정확히 깨닫지 못하고 있던 다소 생소한 공간 개념이 나온다. 그것을 소개하기 전에 흔히 사적 공간·공적 공간이라 부르는 공간 구분법을 잠시 생각해 보자. 사적 공간은 내 방, 우리 집이라고 부르는 물리적·심리적 소유를 동시에 충족시키는 배타적 개인 공간이다. 내 허락 없이 남이 함부로 들어올 수 없는 영역이고, 만약 들어온다면 주거 침입죄 명목으로 법적 처벌도 할 수 있는 공간이다. 반면 도로, 육교, 광장, 지하철, 공원, 강변 고수부지 같은 공적 공간은 나도 마음껏 사용할 수 있지만, 남들도 똑같이 그럴 수 있다는 점에서 소유권은 모두에게 있다. 모두에게 소유된다는 뜻은 즉 아무도 소유하지 않는다는 뜻이다. 오직 일시적인 사용만 할 수 있는 곳이다. 청소하고 싶고 화초를 가꾸고 싶은 마음은 내 것이라는 소유감을 느껴야만 생기는 감정이다. 차가 가득한 대로변에 심어진 가로수와 조경수를 일부러 돌보는 사람은 없다. 사람들이 지나다니는 아파트 복도를 자기 집 현관처럼 물걸레로 닦는 이 또한 없다. 자기 집 앞에 떨어진 쓰레기를 줍는 사람조차 드물다. 이곳에는 사람들의 주도권과 소유감이 작동하지 않기 때문이다. 그런 점에서 엄마가 다른 가족들에게 어지르지 말라고 잔소리하며 결국 자신이 청소까지 하고야 마는 이유는, 엄마가 그들보다 집에 대한 소유감을 더 많이 가지고 있기 때문임을 우리는 부정하기 어렵다.

스위스 바젤의 한 거리 모습. 다른 사람이 길에 쏟은 정성이 느껴질 때 사람들은 멈추고 그곳에 시선을 준다. 그런 사람의 흔적이 축적되고 이어질 때 사람들은 천천히 걷고 서로에게 말을 걸고, 그런 길의 분위기는 또다시 사람을 불러들인다.

도시는 누구의 것인가

"내가 어릴 때는 말이야……"라는 말을 자신도 모르게 내뱉는, 나이를 조금이라도 먹은 사람들은 하나같이 요즘 도시가 예전보다 삭막해졌다는 한탄을 자주 한다. 그런데 그들이 어렸을 적에 비해 왜 지금의 도시가 더 삭막해졌는지 그 이유를 정확히 설명하기는 쉽지 않다. 예전에는 옆집과 음식도 나누고, 동네 슈퍼에서 외상으로 두부도 사 오고, 이웃집에 불이라도 나면 이웃들이 모두 달려가서 함께 불도 껐다. 그런데 왜 그런 것들이 이제는 〈응답하라 1988〉 같은 드라마에서나 볼 수 있는 먼 옛날 추억 속의 이야기가 됐을까? 그때보다 도시에 사람이 많아져서일까? 차가 사람만큼 많아져서 그럴까? 도시가 너무 커져서 그럴까? 예전보다 넓은 아파트에, 좋은 가전제품에, 비싼 자동차를 소유하게 됐는데, 분명 우리는 예전보다 더 잘살게 됐는데, 왜 사람들은 더 외로워졌을까? 좋은 것에만 국한되는 게 과거의 기억이라지만, 분명 예전에는 사람들이 지금보다 서로 가까웠다. 이 질문에 대한 필자의 건축가적 소견은 바로 사람들의 **도시 공간 주도권이 박탈됐기 때문**이다.

오늘날 우리는 아파트 현관 앞에 자전거라도 세워 뒀다가는 통행에 방해된다는 이웃의 신고에 이어 인터폰으로 경비실의 경고를 받게 된다. 건물이 높아진 덕에 넓게 비워진 지상층은 건설 회사가 비싼 돈 들여 설치한 조경물과 조각물에도 불구하고, 사실은 그 넓은 땅에 내가 가꿀 텃밭 한 자락은커녕 어디 마음 편하게 앉을 만한 곳도 찾기 힘들다. 동네 어귀 평상에서 자주 만나던 이웃들은 비싼 회비를 내고 등록한 인근의 헬스클럽에서나 가끔 얼굴을 마주칠 뿐이다. 도시 공간은 넓어지고 반듯해지고 깨끗해지는데, 우리가 마음 붙이고 편하게 시간을 보낼 만한 공간은 이상하게 점점 더 줄고 있다. 자신의 집을 나서면 철저하게 수동적인 '객'의 입장으로 하루 종일 누구의 공간도 아닌 공공 공간과 (비용을 지불해야 하는) 타인의 공간에서만 지내게 된다. 현대인은 갈 곳이 없다. 그나마 내가 마음 편히 시간을 보낼 수 있다고 생각되는 곳은 스마트폰 화면 속뿐이다. 겨우 10여 년 만에 대부분의 현대인이 스마트폰 화면 속에 매몰돼 버린 현상이 과연 그만큼 그곳의 세상이 가치 있어서인지, 아니면 이 도시 어디에도 마음 편히 있을 곳이 없어서 그곳으로 '떠밀려' 간 건지 구분하기 힘들 정도다.

결정적으로 '사회 원심적 공간' 방식을 현대 도시의 공간 구성 방식으로 선호하는 것이 오늘날 도시민이 느끼는 외로움의 실체적 원인이다. 현대 도시, 특히 신도시나 재개발 단지의 도시 계획을 잘 살펴보면 도시의 주도권은 만들어서 파는 사람(정치인, 정책 입안자, 개발 공사, 투자 회사와 건설 회사가 그들이다. 이들이 도시를 망치고 있는 '악당'이란 의미가 아니다. 그들도 자신이 속한 거대한 메커니즘 속에서 열심히 살아가는 성실한 사회 구성원일 뿐이다. 유일한 문제는 그들이 무엇을 만들고 있는지 모르고 있다는 것이다)이 독점하고 있다는 것을 알 수 있다. 반듯한 길과 똑같은 네모난 건물들은 반복해서 만들기에 경제적이고, 판매하기 용의하고, 관리하기 쉬운 것은 확실하다. 그런데 '그런 것들이 과연 사는 데도 유리할까'라는 질문은 아무도 하지 않는다. 수십 년간 공급자들이 그들의 논리로 만들어 판매한 '건설 상품'만 대해 왔으니, 다른 대안은 없을까 자문하지 못할 정도로 세뇌된 결과다. 꺼림칙해도 사 두면 오른다고 믿었기에 무리해서 사고 투자하는 것 말고는 해 본 적이 없는 '소비자'였을 뿐, 주체적인 '사용자'로서 집을 만들고 가꾸는 데 참여한 경우는 드물다. '쾌적한' 단지라는 아파트 분양 광고 문구는 단순하고 획일적이고 반복적인 공간으로 채워졌다는 숨겨진 진실을 아무렇지 않게 은폐한다.

앞에서 예를 든 요양원에서 관리자들이 청소하기 편하게 일렬로 정리해 놓은 '깔끔한' 의자에 앉아 무기력하고 침울하게 변해 간 노인들과, '쾌적한' 아파트 단지에 살게 된 우리가 과연 다르다고 할 수 있을까. 거대 아파트 단지에 입주한 21세기 한국인들은 철저하게 그것을 만들고 파는 사람이 지배하는 도시 구조에 종속되면서, 도시에 대한 주도권을 잃고 자신도 모르게 무기력하고 수동적인 (건설 시장의 소비자라는 이름으로) 사용자가 되어 간다. 공간 소유에 무기력해지기 때문에 이웃과 관계 맺기나 자신을 둘러싼 환경을 향상하려는 의지나 공간 감수성 같은 건 애초부터 품지 못한다. 현대 도시에 사는 우리는 집에서도 길에서도 도시에서도 공간 주도권을 빼앗겼다. 심지어 원래는 우리 것이었다는 사실조차도 망각할 정도가 되었다.

예전보다 화려하고 높게 짓는 건물은 점점 더 사회 원심적으로 지어진다. 4~5층의 저층 아파트 발코니에 서서 집 앞 놀이터에서 노는 아이들을 향해 외쳤던 엄마의 "저녁 먹어라"라는 소리는 반사 강화 삼중 유리로 막힌 30층 고층 아파트 거실에 앉아 핸드폰 GPS로 아들의 위치를 확인하는 엄마의 손가락으로 대체되었다. 아파트 발코니의 엄마와 지상 놀이터의 아이가 서로 보인다는 사실은 건축물과 외부 공간이 서로 연결된, 즉 공간적 구심력이 작용한다는 의미다. 오늘날 우리가 '발코니 확장'으로 얻게 된 몇 평의 실내 면적 대신 잃은 것의 실체가 바로 이것이다. 지금 지어지는 고층 아파트는 멀리(사람이 아니라 하늘과 건물)까지 보이는 탁 트인 조망을 가져다줬을진 몰라도 사람과 외부를 완전히 단절시킨다. 한강 조망과 도시 전경은 시각적으로 멋져 '보인다'. 하지만 사람이 없는 '무생명의 풍경'일 뿐이다. 그 장면을 장시간 바라보는 사람이 '멍해지는' 이유는 그것이 아름다워서가 아니라, 그 시각 정보에 특별한 의미가 없기 때문이다. 아파트 복도나 골목길에서 공을 차던 동네 아이들은 이제 매달 회비를 내고 학원 버스가 데려다주는 스포츠 학원으로 가야만 또래 친구들과 공을 찰 수 있다. 아파트 복도나 골목길에서는 고함 소리 한 번으로 친구들을 불러낼 수 있기 때문에 구심적이지만, 차 타고 가는 학원은 그 선택적 접근성 때문에 원심적이다. 가볍기 때문에 건물을 높게 짓는 데 유리한 재료인 '반사 유리'는 공간 내부의 모습을 거리로부터 차단시켜 철저하게 내부를 가려 숨기는 (엄폐) 역할을 한다. 길을 걸어가는 보행자는 건물의 존재만 인지할 뿐 그 안에 있는 사람의 존재는 느끼지 못한다. 바로 옆에서 걸어가면서 수백 명이 일하고 있는 건물 속 사람의 존재를 느끼지 못한다는 사실만큼 사람이 서로 단절돼 있다는 것을 더 잘 보여 주기는 힘들다. 뜨거운 여름 햇빛으로부터 차량을 보호한다는 이른바 차량 선팅(tinting의 한국식 표현)은 원래 목적인 열 차단 기능보다 차량 실내의 프라이버시 보호 (시각적 엄폐) 기능 때문에 겨우 몇 년 만에 한국의 거의 모든 차량에 장착됐다. 햇빛이 10년 만에 갑자기 뜨거워지지는 않았을 테니, 사람들이 서로에게서 떨어지고 싶은 심리가 더 강해진 것으로 해석되는 현상이다. 이제는 운전하면서 주위 차에 타고 있는 사람을 알아볼 도리가 없다. 보복 운전, 난폭 운전, 차량 정체 등이 심해지자 도로 위에서도 사람들은 서로 인위적 칸막이를 쳐서 자신을 노출하지 않으려 하고 결국 자신도 남을 보지 못하게 된다. 까만 유리의 '무명' 자동차에 둘러싸이게 된 것이다. 그 덕에 꽉 막힌 도로 위에서 아무도 없이 나 혼자 존재하는 비현실적인 경험을 매일 하게 되었다. 벤치 하나 없는 보도는 오직 빨리 지나가라고 강제할 뿐, 잠시 나무 그늘 밑에 앉아 쉬어 가는 것도 허락하지 않는다. 아무리 사람이 많아도 모든 사람이 걷고 있는 길은 원심적이다. 구심력은 멈추고 머무를 때 생겨난다. 기존 주택가를 밀어 버리고 넓은 녹지 위에 짓는 고층 아파트는 쾌적하고 넓게 '보이는' 야외 공간을 가져다주긴 했지만, 사람들 간의 거리는 더욱 멀어지게 만들었다. 넓기만 한 외부 공간에서 아무도 머무르지 않기 때문이다. 아파트 단지에 심긴 조경용 수목과 연못은 처음 본 방문객에게는 멋있게 보일지 몰라도 밤이면 깜깜하고 으슥한 분위기로, 누군가를 마주치는 것조차 섬뜩하게 만들었다.

건물과 도시 구조가 원심적인 태도로 바뀌어 갈수록 우리는 점점 더 고립되고 무기력해진다.

현대 도시를 점령한 단순한 기하학 형상의 이른바 '국제주의' 양식의 유리 건축물들. 배제된 것은 과거의 양식과 장식만이 아니다. 현대 건축이 선호하는 미끈거리고 번쩍거리는 반사 재질의 외피는 외부와 내부를 완벽하게 단절시킨다. 현대 건축의 기술자들은 최대의 사람을 최소의 공간 속에 모아 놓으면서도 과밀함을 못 느끼게 하려고 그들끼리 떼어 놓는 수법(층과 층을 분리하고, 내부와 외부를 분리하고, 서로를 격리하는 등)으로 도시를 구성한다. 저렇게 많은 사람이 모여 있는 도시에서 그들이 외로움을 느끼는 이유는 역설적으로 그 어디에도 '사람이 느껴지지 않기 때문'이다. (혹자는 길에 가득한 인파와 군중을 가리키며 저렇게 많은데 왜 사람이 안 보이냐고 반문할지도 모른다. 혹시라도 '인파'와 '사람'의 구분이 어려운 분은 이번 장의 '사회 구심적 공간과 사회 원심적 공간'을 다시 읽어 보시길 권한다.)

오늘날 한국인에게 추가 실내 면적과 동의어로 인식되는 발코니는 도시적 의미로는 건물과 도시를 연결하는 중요한 장치다. 한국과는 다르게 유럽의 건물(특히 주거용)에서 발코니를 포기하지 않는 이유가 바로 여기에 있다. 건물에 사는 사람은 발코니에서 쉬거나 화초를 가꾸는 등 건물 외부로 자신의 공간적 경험을 확장하고, 건물은 사람의 존재를 자연스레 드러낸다. 그 덕에 외부에서도 건물 속의 사람이 느껴진다. 우리는 발코니 확장으로 얼마간의 실내 면적을 얻은 대신, 사람은 자신의 공간 속에 고립되고 도시에서 사라졌으며, 건물은 도시와 단절되었다.

최근에 파리 시내에 지어진 한 아파트 건물의 도로 쪽 외관을 보자. 이 건물은 한발 더 나아가 아예 발코니를 건축의 조형 언어로 사용했다. 거주민의 삶의 흔적(꽃 화분, 테이블과 의자, 자전거, 장난감 등)이 그곳에 사는 사람들과 함께 길에 자연스럽게 노출된다. 건축가는 건물에 사는 거주민의 사생활은 보호하면서도 그들의 존재를 숨기지 않는 섬세하고 사려 깊은 장치를 했다. 그들은 원할 때 발코니에 나와서 길의 풍경을 즐기고 그들의 존재와 삶의 흔적은 다시 길을 따뜻하고 인간적인 분위기로 유지시킨다. 건물이 도시와 소통한다는 의미가 바로 이것이다. 반사 유리로 서로를 분리하는 것은 만들기 쉽고 효과적이지만, 이렇게 사람과 건물과 도시를 적절하게 연결시키는 것은 건축 기술의 문제가 아닌, 도시라는 모두가 함께 사는 공간을 바라보는 철학의 문제다.

사람과 도시

이제 바로 조금 전 언급하려다 만, '모호함 때문에 우리가 미처 그 존재를 정확히 깨닫지 못하고 있는 다소 생소한 공간 개념'을 밝힐 차례가 되었다. 아침에 자발적으로 빗질하는 집 앞의 골목길 같은 공간을 학술적으로는 '집합적 공간collective space'이라고 부른다. 사적 공간과 공적 공간의 중간에 위치한 셈인데 '나의' 공간이나 '모두'의 공간이 아닌, '우리의' 공간으로 해석하면 된다. 이런 성격의 공간은 물리적 소유권은 없지만 알게 모르게 심리적 소유권이 작용하는 공간이며, 오래된 도시여서 우연히 자연스럽게 성립된 곳이 아니라면 처음부터 아예 그렇게 '작정하고' 만들어야 겨우 성립되는 공간이기도 하다. 그 '작정'도 건물과 도시를 계획하는 건축가뿐 아니라, 건물을 짓는 건설 회사, 허가권을 가진 관청 그리고 거기에 살게 될 거주민들이 전부 그렇게 사는 방식에 동의할 때만 만들어지는 희한한 곳이다. 파편화된 개인성이 지배하는 우리의 현대 도시에서 어느덧 찾아보기 힘든 장소다. 집합적 공간은 아파트 복도도 될 수 있고, 정원이나 광장 혹은 아파트 단지 전체가 될 수도 있다. 다만 어떤 생각으로 어떻게 만드느냐 하는 방식만 다른 셈이다. 이렇게 이야기하니 난해하고 모호한 개념 같지만 실제로는 그렇지도 않다. 다음의 단 하나의 예만으로도 여러분은 집합적 공간의 실체적 의미를 쉽게 이해할 수 있다.

파리의 중심지 '루브르 박물관'과 '콩코르드 광장' 사이에 위치한 '튈르리 정원Jardin des Tuileries'은 과거 전제 군주를 위해 만들어진 곳으로, 파리 1구 면적의 6분의 1을 차지할 정도로 그 규모가 방대하다. 유서 깊은 왕실 정원답게 멋진 조경과 예술 작품으로 장식되어 있고, 전 세계에서 찾아오는 관광객과 주말 오후를 즐기러 나오는 파리지앵으로 항상 북적이는 곳이다. 베르사유 궁전과 정원을 설계한 바로크° 양식의 대표 건축가 앙드레 르노트르André Le Nôtre의 지휘로 만들어진 정원이라 방대한 면적에 기하학적 선형 산책로로 이루어진 곳이다. 직접 방문해 본 사람은 기억하겠지만, 간혹 잔디밭에 누워 피크닉을 하는 사람도 있지만 방문자 대부분은 꽤 빠른 속도로 걷고 있다. 공간이 워낙 방대하고 길이 넓고 그늘도 없는데다 중간에 앉을 만한 곳도 마땅치 않기 때문이다. 그런데 정원 중간 즈음에 위치한 원형 분수대에 다다르면 놀라운 장면이 기다리고 있다. 수*공간 주변으로 사람들이 하나같이 의자에 앉아 예상치 못한 방식으로 쉬고 있는 모습을 발견하기 때문이다. 바로 이곳에서 벌어지는 일이 '공적 공간'이 될 뻔한 이 도심 공원을 '집합적 공간'으

• 고전적인 르네상스 양식이 주를 이루던 17세기에 새로 발현한 이 양식을 두고, 이탈리아인들에 의해 규범에서 벗어났고 우아하지 못하다는 부정적인 의미로 불렸던 '바로크 건축'은 이후 왕권이나 종교의 위엄을 내세우기 위해 거대하고 화려하게 지어졌다. 바로크 양식의 대표적인 건물로는 로마의 '성 베드로 성당'과 '베르사유 궁전'을 들 수 있다. 특히 베르사유 궁전의 기하학적 정원은 자연을 인간의 힘으로 정복할 수 있다고 믿었던 당시 지배자의 자연관을 그대로 담고 있다.

로 바꾸는 결정적인 역할을 한다.

　공공 공간과 사적 공간의 차이는 사람이 주도권을 행사할 수 있느냐 없느냐의 차이에서 비롯된다는 사실을 여기서 다시 한번 상기할 필요가 있다. 자기 집으로 훔쳐 가기는 '충분히' 무겁고 눈에 띄지만, 자유롭게 옮겨 앉기는 '충분히' 가볍고 편안한 4천 개의 철재 의자가 이 수공간 주변에 자유롭게 널려 있다. 여기서 사람들은 빈 의자를 옮겨 마음에 드는 장소에 함께 하고픈 사람들과 모여 앉아 시간을 보낼 수 있다. 더 놀라운 것은 사용이 무료라는 것이다. 자신이 선택할 수 있고 주도할 수 있는 곳에서는 감정과 애착이 생긴다. 이 넓은 곳에 자신이 좋아하는 구석 자리가 생기면 다시 들렀을 때 자기만의 장소에 빨리 자리 잡고 싶은 생각이 들 것이다. 자신이 하고 싶은 것과 할 수 있는 것이 생기면서 공공 공간이 사적 공간의 영역으로 치환되는 경험을 한다. 바로 이 지점이 집합적 공간이 되는 순간인 것이다. 여기서는 함께 온 사람들과 시간 보내는 것이 더 편안하고 즐겁다. 서로 얼굴을 마주 볼 수도 있고 한곳을 같이 바라볼 수도 있다. 고정된 벤치에서는 느낄 수 없는 감정이다. 파리시 당국에 의해 1923년에 디자인되어 이곳과 뤽상부르 공원에 놓인 '튈르리 의자'는 이렇게 그 디자인이 함축하고 있는 사회적 의미 때문에 디자인 역사에 기록될 명작으로 남았다. 파리시 당국은 모든 관리자가 그렇듯 배열하고 정리하고 싶은 욕

파리 튈르리 정원. 방대한 면적과 일직선으로 뻗은 넓은 보도는 사람을 빠른 속도로 걷게 만든다.

그러나 그 길 중간에 있는, 자신이 마음대로 옮길 수 있는 의자 몇 개가 사람들을 머무르게 하고 서로 이야기하도록 유도한다. 원심력이 강하게 작동하는 거대 공간에 작은 의자가 놀라운 구심력을 만들어 냈다.

구를 참아 내고 시민들로 하여금 '어지를 수 있는' 권리를 양도한 것이다. 소유권과 관리권을 가진 관리 책임자가 어떤 책임도지지 않는 아무나 (공공의 다른 이름) 마음대로 할 수 있도록 놔두는 것이 얼마나 힘든 것인지 우리는 오늘도 집에서 매일 목격하고 있지 않은가.

가구의 기능성은 물론이고 도시 사회적 역할을 함께 만족시킨 드문 예로 기록된 튈르리 의자. 시민이 자신의 방식대로 공원을 '어지를 수 있기' 때문에 이 공원은 누구에게나 자신만의 공간이 될 수 있었다. 공공성과 개인성이 조화롭게 공존하기 위해 반드시 비싸고 큼직한 시설물이 필요한 건 아니라는 것을 이 의자는 잘 보여 준다.

10장

누구를 위해
꽃을 심는가

내가 살던 아파트 1층에 한 노부부가 이사를 왔다. 매년 봄이면 이사를 오가는 세대들로 붐비곤 했으니 처음에는 그 집에 딱히 관심을 두는 이웃이 없었다. 그런데 그들의 집은 무언가 특별한 점이 있었다. 발코니 확장 공사는커녕 (1층이라 오가는 사람들이 보는 시선도 가리고, 도난 방지를 위해 누구나 설치하는) 외부 새시도 달지 않고 발코니를 원형 그대로 쓰고 있었던 것이다. 화초 가꾸는 취미를 갖고 있던 그 집 할머니는 이사 온 지 몇 달도 안 돼, 집 발코니를 꽃으로 가득한 화원처럼 꾸몄다. 낯선 변화는 그즈음부터 시작됐다. 나는 아파트 현관에 들어설 때마다 무의식중에 그 집 화단을 살피게 되었고, 어제보다 한 움큼 더 자란 라일락 꽃을 보면서 나도 모르게 미소 짓고 있다는 것을 깨닫는다. 그리고 아파트 언저리에 접어들 때 풍겨 오는 그 집 꽃향기를 느낀 어느 날, 나는 승강기에서 마주친 이웃과 처음으로 인사를 했고 그가 몇 층에 사는지 알게 되었다.

꽃 마을

시작은 작은 선의였다. 유럽 대륙에서만 5천만 명을 살육했던 제2차 세계대전도 결국 끝나고 10여 년이 지났다. 독일과 면한 국경 지역의 조그만 프랑스 시골 마을 디에볼샤임Diebolsheim에서 전쟁 중 독일군과 연합군에 의해 설치됐던 지뢰 제거 작업이 진행되고 있었다. 전쟁이 끝나고도 툭하면 발생하는 지뢰 폭발 사고는 전쟁의 끔찍했던 기억을 되살리며 살아남은 사람들의 아픈 상처를 후벼 파기 충분했다. 우연한 기회에 그 동네 성당의 주임 신부였던 웬들링Wendling은 지뢰가 하나씩 제거될 때마다 그 장소에 꽃을 하나씩 심자고 신도들에게 제안한다. 수년간의 전쟁에 가족과 집을 잃었던 사람들의 상처를 조금이라도 치유하기 위한 조그만 종교적 실천이었던 셈이다. 그런데 시민들이 지뢰가 해체된 자리 주변에 꽃을 심기 시작하자 생각지 못했던 변화가 일어난다. 계절이 지나고 해를 넘기자 꽃은 풍성해지고 화려해졌고, 그걸 본 시민들이 자진해서 그 주위에 더 많은 꽃을 심었다. 꽃이 만발해지는 모습을 보면서 자신도 모르게 마음이 치유되는 기분을 느꼈기 때문이다. 가족을 잃어버린 상처, 자신만 살아남았다는 죄책감, 폐허가 된 집과 고향을 마주한 절망과 허무감을 '지뢰를 대신한 꽃'이 치유해 줄 수 있다는 것은 처음 제안한 웬들링 신부도 몰랐을 것이다.

이 시골 마을의 우연한 미담에 담긴 잠재력을 당시 프랑스 건설부 장관이던 로베르 뷔롱Robert Buron은 놓치지 않았다. 정부의 건설 부흥 정책으로 무너진 건물을 다시 세우고 다리를 새로 놓을 수 있었으나, 그것이 상처 입고 희망을 상실한 시민들을 자발적이고 긍정적으로 바뀌게 해 주지는 못했다. 그런데 별것 아니지만 자신이 손수 심은 꽃이 전쟁의 아픈 기억을 잊게 해 주는 직접적인 경험을 한 사람들의 표정이 밝아지기 시작했고, 행동이 적극적으로 바뀌었으며, 그 모습에 고무된 다른 사람의 참여도 쉽게 이끌어 내는 것이 아닌가. 뷔롱 장관은 이 긍정적이면서도 확산성이 강한 에너지를 더 크게 이용해 볼 방법을 궁리했고, 인간의 원초적인 본성인 경쟁심을 이용하기로 한다.

음악 경연대회에 쓰이는 단어인 콩쿠르concours라는 이름이 붙자 프랑스 전역의 도시들은 즉각적인 관심을 보였다. 가난하고 배고픈 시절, 중앙 정부가 주최하는 경연대회에는 명예뿐 아니라 경제적 보상도 따라올 것이니 일견 당연한 반응이었지만, 그 경쟁의 내용도 그리 어렵거나 돈이 많이 드는 것이 아닌, 겨우 '꽃을 심는 것'이었다. 호텔이나 레스토랑처럼 (꽃 휘장 모양의) 라벨 등급제를 도입해 경쟁의 긴장감을 유지했고, 매년 발표하는 심사 결과에 따라 (별 등급을 입구에 건 호텔처럼) 도시 입구에 그해 심사에서 부여받은 꽃 라벨을 내걸었다. 그리고 이 등급은 곧 아름다운 도시임을 프랑스 전역에 알리는 기회가 되

△ 자랑스럽게 도시 입구에 걸어 둔 등급 표시가 된 꽃 휘장. 프랑스인들은 버릇처럼 어떤 도시에 들어설 때 도시명 아래 붙어 있는 저 휘장을 보고 그 도시의 미적 수준을 짐작한다.

▽ 시립 정원사가 사력을 다해 만든 시내 광장의 꽃 조각. 정원사의 노력은 시민들의 박수와 환호로 보답받는다.

었다. 그 보상은 도시에 대한 도시민의 자부심뿐 아니라, 꽃을 보러 그 도시를 찾아오는 관광객들로 인한 경제적 혜택까지 포함된 것이었다.

매년 관광객으로 위장해 다녀가는 암행 위원의 심사를 대비하는 명목이기도 하지만, 시 당국은 도시 입구와 길가, 공원, 문화재 주변을 정비하고 정원사를 고용해 꽃과 나무로 아름답게 꾸미고, 나아가 시민들의 적극적인 참여를 독려한다. 콩쿠르의 심사 내용에는 아름다운 길 만들기가 큰 부분을 차지하는데, 도로 조경은 시 당국이 할 수 있지만 가로변 집들의 참여도 중요했기 때문이었다. 처음에는 시청의 권유를 받아들인 몇 집이 창문 밖과 발코니에 꽃 화분 몇 개를 내놓는 정도였지만, 앞집이 예쁘고 특이한 화분을 내놓기 시작하자 동참하고픈 마음뿐 아니라 묘한 이웃 간의 경쟁심을 자극하게 된다. 몇몇 집에서 발코니와 대문 앞에 다양한 화초를 키우기 시작하자 마치 '전염된 것처럼' 다른 집들도 따라 하는 것이 아닌가. 그런데 이런 경쟁 아닌 경쟁이 가져온 결과는 놀라운 것이었다. 자신의 집 창문과 발코니에 꽃이 가득하니 집 분위기가 밝아졌음은 말할 것도 없고, 그런 집들이 늘어나자 동네 전체와 가로 곳곳이 꽃으로 정감 있고 따뜻해졌다. 가로가 꽃으로 채워지자 길의 분위기는 활기차졌고, 그 덕에 사람들이 길에서 보내는 시간이 늘어나 자연스럽게 이웃들과 대화하는 사람이 늘어났으며 그

골목의 누군가가 이렇게 꽃 화분을 내어놓자, 이웃들은 마치 '전염된 것처럼' 자기 집 앞쪽에 꽃을 키우기 시작했다.

러다 보니 마을 주민들의 결속력이 눈에 띄게 강화되는 결과로
이어졌다.

　자신의 동네와 거리의 분위기가 바뀌는 것을 경험한 시민들
은 시 당국에 더 많은 녹지와 공원을 요구했고, 동네의 꽃집들
은 새로운 종자와 심고 재배하는 방법 등을 나누기 위해 모인
동네 사람들의 사랑방이 됐으며, 공원의 꽃 조각을 멋지게 가
꾼 정원사는 시민들의 환호와 박수를 받았다. 지역의 식물학자
와 원예사들은 추위와 가뭄에 잘 견디면서도 아름다운 색을 내
는 새로운 종자의 화초를 연구했고, 그 꽃들은 집과 가로뿐 아
니라 전쟁의 전몰자들과 가족이 묻힌 공동묘지까지 아름다운
색으로 바꾸어 버린다. 개개인은 꽃 몇 송이 심었을 뿐이고, 이
왕 심는 거 다른 집보다 좀 더 멋지게 꾸미려 한 것뿐이었는데
그 결과는 시각적인 아름다움을 훌쩍 넘어서는 것이었다.

　꽃 가꾸기 경쟁이 만들어 내는 놀라운 변화를 인정한 프랑
스 정부는 1972년 별도의 심의회로 독립시켜 심사를 전담케 했
고, 2001년에 '꽃 마을 국가위원회conseil national des villes et villages
fleuris'라는 이름으로 개명해 확대되었다. 이 위원회는 경쟁의 규
칙을 더 가다듬어 생물 다양성을 증대할 수 있는 녹지 공간, 생
활 스포츠 공간으로 병행 가능한 녹지 공간 같은 새로운 과제
를 부여해 도시 간 경쟁의 수준을 끌어올렸다. 매년 제시되는

주제들은 시민들과 공유되어 갖가지 아이디어를 생산하게 한다. 도입된 지 60년이 넘은 이 꽃 마을 콩쿠르는 지금까지 프랑스 전역에서 4,885개의 도시가 하나 이상의 라벨을 획득했고 그중 265개의 도시만이 최고 등급인 4성 라벨의 영예를 안았다. 매년 40개 정도의 마을에만 주어지는 4성 라벨을 따내기 위해 올해도 이들 도시와 시민들은 그 경쟁에 기꺼이 나서고 있고, 그럴수록 도시는 더욱 아름다워지고 마을 공동체는 더욱 굳건해진다. 그 경쟁은 내년에도 변함없이 계속되겠지만 그 경쟁의 종점은 승리한 이는 있어도 패배한 이는 없는, 모두가 이기는 경쟁이다. 모두를 승자로 만드는 이런 것을 우리는 '공공'이라 부른다.

파리 시내의 한 호텔 건물은 아예 꽃으로만 건물 외관을 꾸몄다. 계절마다 꽃을 가꾸느라 만만치 않은 수고가 들지만, 바라보는 시민에게는 한없이 즐거운 풍경이다. 꽃을 통해 건물은 아름다움을 넘어서는 그 '무엇'을 도시와 나눌 수 있게 되었다.

반쪽 집

오르면 걱정이고 내려도 문제인 아파트 집값과 전 국민이 씨름 중인 21세기 한국에서, 사회 주택social housing은 여전히 발전의 여지가 많은 분야다.⬩ 우리에게는 주로 빈곤층을 위한 8~13평 사이의 소형 평수 임대 아파트로 알려져 있지만, 한국과는 사회적 맥락이 다른 유럽의 경우 신규 건설 아파트의 3분의 1 세대 정도는 임대 주택으로 짓도록 법규로 유도하거나, 한 아파트에 의무적으로 여러 평수의 집을 짓게 하기도 하고, 학생 기숙사와 노인 전용 아파트를 일반 아파트 분양에 포함시켜 세대 간 통합을 유도하는 등, 우리보다 훨씬 더 적극적이고 강력한 사회적 계층 통합 정책의 일환으로 사용된다. 임대 아파트가 인근에 세워지면 자기 아파트 가격이 떨어진다고 반대하는 입주자협의회를 가진 우리의 인식과는 분명 많은 차이가 있다. 주거 공급 정책의 하나로만 사용되는 한국이나, 사회 정책의 적극적인 수단으로 사용되는 서구나 사회 주거의 핵심은 비슷하다. 자본주의 특성상 주택을 시장 논리에 맡기다 보니 경쟁에서 밀려나 주택을 소유하기 힘든 저소득층이나 빈민층을 위해 국가가 싼 가격으로 최소한의 살 곳을 공급해 사회적 완충 역할을 하는 것이

⬩ 2018년 경제협력개발기구(OECD) 자료에 따르면 한국의 공공 임대 주택은 7.2퍼센트로 영국과 프랑스의 15퍼센트, 덴마크와 오스트리아의 20퍼센트에 비해 턱없이 낮다.

다. 그렇지 않고 시장 논리로만 방치한다면 빈민가는 지속적으로 생겨나기 마련이고 도시 위생, 안전 문제 등 사회적 위험성이 증가한다. 그리고 결국 공공이 막대한 비용을 감당해야 하기 때문이다.

최근 국내에도 영구 임대 주택, 국민 임대 주택, 행복 주택, 매입·전세 임대 주택, 5·10·50년 임대 주택, 보금자리 주택 등 꽤 다양한 임대 주택이 나타나고 있다. 그런데 그중에서 기초 생활 수급자, 독거노인 등 사회적 취약 계층에 시세 대비 매우 저렴한 가격으로 공급되는 영구 임대 아파트는 그 특성상 집이 상당히 좁고, 특히 기초 생활 수급자의 집은 거주하는 사람도 많은 것으로 유명하다. 전용 면적 8평 이하의 매우 협소한 면적에 4~5명까지도 생활하는 경우가 흔하지만, 입주를 애타게 기다리는 대기자가 넘쳐난다. 더군다나 요즈음은 지가 상승과 고층 아파트의 유행으로 임대 아파트도 점점 밀집화, 고층화되는 경향이다. 공공 임대나 국민 임대처럼 정해진 기간이 끝나면 다른 집을 구해서 이사 가야 하는 형태에 비해 영구 임대식은 말 그대로 한 번 입주하면 일생을 보내는 경우가 많다.

집을 구할 수 없는 가난한 약자를 위해 정부가 최소한의 주거를 공급해 공동체 안정을 꾀한다는 긍정적인 면 때문에 한국뿐 아니라 전 세계에서 임대 주택 혹은 사회 주택을 공급하고 있다. 한국도 특히 21세기 들어 사회 양극화 문제에 심각하게 대면하고 있다. 그런데 자본주의의 본산이면서도 여러 인종이 공존해 불평등이 심하고 사회적인 시스템이 허약한 아메리카 대륙, 특히 남미 국가의 양극화 문제는 한국의 상황이 상대적으로 수월하게 느껴질 정도로 극단적이다. 시장 경제에서 낙오한 최하층 빈민이기 때문에 '자혜慈惠적'으로 무언가 해 줘야 한다는 생각을 가진 당국의 관점에는, 최소한의 면적으로 최대한 많은 집을 공급해, 될 수 있으면 많은 빈민을 수용하는 게 옳다고 여길 것이며 실제로도 그렇게 판을 짜기 마련이다. 한국의 정책 입안자나 정치인의 공약에서도 심심치 않게 들을 수 있는 "서민주택 (수)십만 호 공급" 같은 구호에 그런 관점이 잘 녹아 있다. 주택 공급자의 관점은 얼마나 싸게 얼마나 많은 세대를 공급하느냐 하는 외형적인 숫자에 집중하지, 그곳에 입주하게 된 사람들이 무엇을 느끼고 어떻게 살게 될 것인가 하는 입주자의 심리적인 면과 인간적인 측면까지 살필 만큼 섬세하지는 않다. 그 어떤 정치인의 공약과 당국의 건설 계획 발표에도 공급하는 집이 어떤 집인지는 밝히지 않는다.

빈민 주택 문제에 오랜 관심을 가져 온 칠레의 건축가 알레한드로 아라베나Alejandro Aravena는 한 세대당 만 달러 (천만 원) 정도의 예산만 투입할 수 있는 사회 주택의 근본적인 한계에도, 얼마나 많이 지을 것인지가 아니라 어떻게 집을 지어야 하는

'몇십만 호 공급' 같은 정치적 공약에 부응하기 위해 건설 중인 경기도 인근의 한 임대 아파트. 한국의 주택 당국자에게 중요한 것은 바로 공급 세대수다. 그다음이 건설 비용, 관리의 편의성, 유지의 경제성 같은 하나 같이 공급자에게 중요한 측면들이다. 주택의 질, 거주민의 심리, 이웃과의 공동생활, 최소한의 자연과의 접촉 같은 가치는 고려 대상이 되지 못한다. '공급'을 다른 말로 바꾸면 전쟁 피난민이나 포로를 받아들일 때 사용하는 단어인 '수용acceptance'이다.

지 고민해 왔다. 그런데 운이 좋아 기나긴 경쟁을 뚫고 임대 주택에 입주하게 된 사람은 처음에는 전에 살던 판잣집을 벗어난 사실에 안도하고 만족하나, 공급자의 바람과는 다르게 많은 입주자가 무기력해지고 비관적으로 변해 가는 현실을 목격하면서, 이런 자혜적인 방향의 정책에 무언가 중요한 것이 빠졌다는 것을 발견한다. 보잘것없긴 해도 천막 가설 건물이건 판잣집이건 그것이 자신이 직접 지어 자신의 집이라는 생각이 있을 때에는 어떻게든 페인트를 구해 대문을 예쁘게 칠하기도 하고 집 앞 길도 직접 청소하고 대문 앞에 화분을 기르는 등 삶의 의지를 보이던 사람들이, 콘크리트로 번듯하게 지어진 그러나 자신이 아무것도 한 것 없는 아파트에 살게 되자 집을 가꾸기는커녕 집 앞에 쓰레기 하나 줍지 않을 정도로 자신이 사는 건물에 냉담해지는 것이 아닌가.

그뿐만 아니라 빈민일수록 대가족인 경우가 많기 때문에 좁은 집에 많은 식구가 살게 되니 (부양가족이 많을수록 입주에 더 유리한 것이 그 중요한 이유다) 가족들은 더 많은 스트레스를 받게 되고, 가장의 알코올 중독이나 가정 폭력 같은 문제가 빈번하게 발생했다. 하지만 공급자 입장에서 이런 문제를 해결할 방안이 딱히 있는 것도 아니었다. 가족 수를 줄일 수도, 집의 면적을 늘릴 수도 없었기 때문이다. 난잡하고 비위생적인 빈민가와 임시 판자촌에서 그들을 구해 내 훨씬 나은 아파트에 살게 '해 주었다'고 생각한 정치인과 당국의 자부심과는 정반대로, 임대주택에 살게 된 '선택받은' 그들은 주어진 공간에 사는 것 말고는 아무것도 하지 않으려는 무기력증에 빠져들게 되었다. 그리고 더 비관적이고 투덜대기만 하며 점점 더 기초 생활비에만 의지하는 수동적 극빈층으로 전락해 갔다. 더 번듯한 집에 살게됐지만 거짓말처럼 삶의 의지는 잃어버린 무기력한 입주자로 가득한 아파트에서 사람들은 서로 만나려 하지 않았으며, 이웃 공동체는 무의미해졌고, 동네는 점점 우범화되고 슬럼화되는 악순환 속에 빠져들었다.

공급자에게 '영구 임대'라는 단어는 가난한 사람에게 그 정도의 혜택과 보살핌을 준다는 나르시시즘적 의미로 해석되겠지만, 입주자에게는 아이러니하게도 '그곳에 자신이 할 일은 영구적으로 아무것도 없다'라는 의미인 것을, 그래서 인간의 기본적인 삶에 대한 욕망과 의지가 착상되고 성장할 수 있는 토양이 애초부터 성립되기 힘들다는 사실을, 지어진 건물의 외형이 아니라 그곳에 살고 있는 사람의 모습을 관찰하면서 아라베나는 깨닫게 된다. 진짜 문제가 어디에 있는지 간파한 건축가는 대부분의 당국이 하는 것처럼 더 많은 예산을 쏟아 좀 더 고급 건물로 만들거나 경비원과 CCTV 같은 보안장치를 설치해 강제적인 청결과 질서를 유지하는 방법 대신, 그곳에 살게 될 사람을 믿고 그들의 욕망과 삶의 의지를 이용하기로 한다.

보통 4인 이상의 가족이 스트레스 없이 생활하려면 기본적으로 약 80제곱미터(24평)의 면적이 필요하다. 그러나 항상 쪼들리는 사회 주택 예산에서 한 가족에게 그 정도 면적을 할애하기 위한 금액을 마련하기는 불가능한 터였다. 건축가는 주어진 예산으로 건설 가능한 40제곱미터의 공간뿐 아니라 차후에 증축할 수 있는 또 다른 40제곱미터의 빈 공간을 함께 분양하자는 기발한 제안을 한다. 비어 있는 절반을 꼭 지어야 할 의무는 없었으나 자신이 노력만 하면 지금 집보다 두 배로 큰 집을 가질 수 있다는 희망과 목표가 생긴 입주자들은 다른 사회 주택 입주자와는 다르게 변해 갔다. 누가 시키지 않았는데도 기꺼이 주말에도 일했으며 돈이 모일 때마다 조금씩 집의 반쪽을 자신의 힘으로 완성해 나가는 게 아닌가. 건축가는 절반의 필요와 절반의 희망을 같이 판 것이다. 같은 단지 내의 다른 이의 집이 그럴듯한 모습으로 바뀌어 가자 이웃들은 약간의 안도감(자신도 할 수 있다는)과 약간의 경쟁심(자신은 더 잘하겠다는)으로 동기 부여되었고, 이웃들끼리 자재를 공동 구매하거나 동마다 공통된 색으로 채색을 의논하는 등 서로 대화하고 모이기 시작했다. 자신이 노력하는 데 비례해 집이 변해 가고 자신이 채운 집의 반쪽이 동네 전체 분위기를 바꾸는 데 일조한다는 느낌을 받자, 사람들은 긍정적이고 밝아졌다. 자신의 집을 더 멋지게 가꾸기 위해 더 열정적으로 일터로 향했고, 몇 년 후 동네 입주민 대부분의 가족이 받던 기초 생활비를 받지 않아도

칠레 전역에 여러 가지 타입의 반쪽 집이 제시되었다. 이곳은 산티아고시 남쪽 외곽에 위치한 대표적인 '반쪽의 좋은 집(half of a good house)'이다. 차후에 입주자가 자신이 직접 확장할 수 있는 빈 공간을 같은 지붕 아래 미리 마련해 두었다. 지붕과 외벽을 미리 만들어 둬, 입주자가 비용을 많이 들이지 않고, 전문적인 기술이 필요한 방수나 단열 같은 문제에 봉착하지 않고 쉽게 증축할 수 있도록 길을 열어 두었다. 이 비어 있는 집의 반쪽이 입주민과 마을에 가져온 변화는 그럴듯한 자기 집을 소유했다는 사실 너머의 그 '무엇'일 것이다.

될 정도로 자신만의 힘으로 빈곤에서 벗어났다. 입주민 스스로 지을 수 있는 빈 공간을 준비해 준 것뿐인데 파생된 결과는 번 듯한 동네가 생긴 것 이상이었다.

수십 년 동안 세계에서 아름답고 값비싸며 작품성 있는 건물을 지어 온 서구 선진국의 건축가에게 주어져 온 건축의 노벨상 프리츠커상Pritzker Architecture Prize은 2016년 가장 값싸고 가장 볼품없는 건물을 지어 온 남미 조그만 나라의 이 건축가에게 깊은 감사와 존경의 뜻으로 수상 소식을 전했다. 반쪽 집은 전세계 많은 건축가와 주택 당국자의 영감을 자극해 가나, 남아공, 태국, 멕시코의 사회 주택에 적용되고 있고, 계속 확산되고 있다.

우리 집

형무소刑務所와 교도소矯導所는 같은 시설을 일컫는 말이지만 내포된 의미와 어감은 사뭇 다르다. 앞에 단어는 '가두고 벌준다'는 의미고, 후자는 '고쳐서 바로 이끈다'는 뜻이다. 한때는 고아원孤兒院으로 불린 보육원保育院 또한, 명칭에 따라 그 대상이 되는 어린이나 청소년을 바라보는 시각이 무척 다르다. 과거에는 고아원이라고 불렀으나, 고아라는 말 자체에 가학적 의미가 있어 최근 들어서는 보육원이란 명칭으로 통일됐다. 보육 시설은 고려 시대와 조선 시대에도 존재했다. 전쟁이나 사고로 인한 고아를 사원에서 보호하다 열 살이 되면 민가에 입양이나 노비로 보내는 식이었다. 1888년 명동성당에 최초의 서구식 가톨릭 보육원이 설치됐고, 6·25 전쟁으로 전쟁고아가 급격히 증가하자 미국인 구호 전문가와 선교사들의 도움과 위탁으로 시설이 크게 늘어났다. 나중에는 고아 사업으로까지 발전해 최대 아동 수출국의 오명을 얻기도 했다. 지금은 미혼모 출산이나 이혼 등에 의한 양육 포기에 의한 아동들이 주 대상이 되고 있다. 현재 한국에는 전국적으로 2백 여 개의 보육원이 존재한다. 또한 약 2만 명의 '고아'가 존재하고, 매년 4천 명의 아동이 시설에 들어온다.

6·25 때 많은 피난민이 몰렸던 부산에는 유난히 이런 보육

시설이 많이 남아 있는데, 그중 가장 큰 규모의 보육원이 암남동에 자리 잡은 마리아수녀회가 운영하는 기관이다. 노숙인들을 위한 '마리아 마을', 미혼모 자녀들을 위한 '마리아 꿈터', 남아를 위한 '소년의 집', 여아를 위한 '송도가정' 등 다양한 보육, 요양, 재활, 자선 병원 시설 들이 함께 들어서 있다. 미국인인 알로이시오 신부(1930~1992)에 의해 창설된 마리아수녀회는 전쟁으로 부모를 잃은 어린이들과 빈민 환자들에게 종교적 실천을 위한 봉사의 목적으로 부산에서 시작됐다. 처음에는 부모를 잃은 아이들의 어머니가 되어 줄 보모회로 출발했다가 더 알찬 봉사를 위해 1964년에 수녀회로 전향했다. 수녀들의 헌신으로 한때 2천 명이 넘는 아이들이 살았고, 50년 동안 1만 7천 명의 아이들을 길러 사회로 내보낸 유서 깊은 곳이다. 세상에서 가장 고귀한 의미를 지닌 '엄마'와 '수녀'라는 이름을 동시에 가진 '엄마 수녀'들은 종교적 헌신과 여성적 모성애로 무장된 투사들이었다. 어려운 환경에서도 아이들이 정과 사랑에 굶주리지 않게 보살폈으며, 삐뚤어지지 않고 올바른 성인으로 성장할 수 있도록 그녀들의 인생을 바쳤다.

창설자인 알로이시오 신부의 정신은 '가난한 자에 대한 봉사'다. 가난한 이가 최고의 대우를 받도록 하는 것을 철칙으로 했기에 없는 예산에도 건물을 지을 당시 엘리베이터까지 갖춘 최신식 건물을 만들었다. 능력 내에서 건물은 크고 좋게 지었지만 많은 아이를 돌봐야 했기에 큰 방에 20~30명이 함께 살았다. 잠(3층 침대)과 공부, 식사, TV 보는 것 모두 한 공간에서 이루어졌다. 보조금과 지원금으로 운영되는 시설이기에 어쩔 수 없는 일이었다. 주어진 예산에서 엄마 수녀들은 최선을 다했고, 생활비가 모자라면 그녀들은 자신의 월급을 털어 아이들을 먹이고 길러 냈다.

그런데 그토록 헌신적인 엄마 수녀들도 미처 짐작하지 못한 것이 있었음이 아주 우연한 기회에 밝혀진다. 고등학교를 졸업하면 시설을 떠나 자립해야 하는 것이 이곳의 규칙이다. 보조금과 후원금도 그런 범위까지만 지원된다. 엄마 수녀는 2006년 8월 인천 공단에서 일하던 대성(가명)이가 휴일 근무 중에 사고를 당했다는 연락을 받는다. 소년의 집을 떠난 지 2년 만의 일이었다. 수녀는 장례를 치르고 아이의 짐을 정리하기 위해 아이가 쓰던 방에 들렀다. 자신이 키웠던 이 아이에게 이런 면이 있었나 싶을 정도로 방은 정갈하고 곳곳에 정성이 스며들어 있었다. 아이가 태어나 처음 가져 본 자신만의 공간을 어떻게 대했는지 처음 보게 된 것이었다.

"스물한 살짜리 사내애가 혼자 사는 방. 1700만 원의 전세, 다세대 주택 2층 우측 방. 작은 노트 첫 장에 그림이 그려져 있었다. 그림에 그려진 그 자리에 침대가 있었고 냉장고가 있었고 책상과 옷장이 있었다.

태어나서 처음으로, 그것도 온전히 자기 힘으로 방을 마련하느라 아이는 생애 마지막 2년을 그렇게 보낸 것이다. 한 아이의 꿈과도 같은 그 방을 그러나 우린 아무도 지켜 주지 못했다. 그날 이후, 나는 다른 아이의 마음속에도 그런 작은 방이 하나씩 있다는 걸 알게 되었다."

— 『너같이 좋은 선물』 중에서

엄마 수녀는 누군가에게서 버려진 갓난아이를 받아 들고 그 아이가 청년이 될 때까지 몸이 부서져라 부족함 없이 키워 냈지만, 이곳 아이들은 고등학교를 졸업하면 그대로 삶의 현장에 뛰어들어 홀로 서야 하는 것은 어떻게 하지 못한다. '자립! 맨몸으로.' 그리고 그때부터는 그 누구의 도움도 없다. 이것은 현실이며, 지금 이 집에 사는 그리고 살아갈 아이들이 서 있는 실제 세상이다. 엄마 수녀의 모성애와 보살핌도 유효 기간이 있는 것이다.

한 건축가에게 수녀회 시설물 중 가장 오래된 기숙사식 건물 하나를 고쳐 달라는 의뢰가 온 것은 대성이가 세상을 떠나고 난 후 몇 년 뒤의 일이었다. 주로 단체실로 되어 있는 구식 건물이라 시설을 2~4인용 위주의 현대적인 기숙사식 건물로 바꾸어 달라는 수녀원의 의뢰였다. 오래된 건물을 복잡한 현대 설비 시설로 교체하면서 오늘의 법규에 맞게 개조하는 일이 쉬운 설계는 아니나 그렇다고 불가능한 것도 아니었다. 고객인 수녀회의 의뢰가 그러했으니 헌 건물을 그대로 개조하면 될 일이었다. 그러나 건축가는 요구에 따라 건물을 개조하는 것이 맞는 일인지 의구심이 들어 아이들에게 정말 필요한 것이 무엇인지 관찰해 보기로 한다.

아이들은 유아 때부터 작게는 10명, 많게는 20~30명이 한방에서 생활하는 집단생활을 해 왔다. 그런 집단생활은 고등학교를 졸업하고 보육원에서 독립할 때까지 계속된다. 단체 생활을 하다 보니 규율을 따르고 정해진 매뉴얼대로 행동하는 것에 익숙하다. 정해진 시간이 되면 일어나서 각자의 이부자리를 정리하고, 식당에 내려가서 밥을 먹고, 학교에서 수업을 받고, 돌아와서 단체 독서실에서 공부하고, 저녁 식사 후 TV 단체 관람을하고, 정해진 시간이 되면 취침하는 식이다. 아이들이 정해진 시간에 정해진 일정을 소화하기 위해 뒤에서 엄마 수녀와 자원봉사자의 헌신은 이루 말할 수 없을 정도다. 아이들이 깨기 전에 새벽에 일어나 식사 준비를 해야 함은 물론이고 어린아이들의 빨래, 방 청소, 집 관리, 장보기 등등 아이들을 키우는 데 감당해야 할 일은 버겁고 힘들게 마련이다. 그래도 눈에 넣어도 아프지 않은 아이들을 부족함 없이 키워야 한다는 사명감으로 그 모든 일을 감당해 냈다. 모성애를 뛰어넘는 종교적 신념만이 그일을 가능케 했으리라. 그런데 건축가의 눈에 들어온 건 놀랍게도 그 엄마 수녀들의 고귀한 희생 뒤에 숨어 있는 아이들의 '무기력감'이었다. 숙소는 현대적이라 편리하고 엄마 수녀들은 자신을 위해 생활에 불편함 없이 모든 뒷바라지를 다 해 주는데, 역설적으로 그래서 아이들은 종 치면 일어나고 밥 먹고 공부하는 것 말고는 생각할 것도 결정할 것도 없는 (보호라는 이름의) 온실 속 화초가 되어 가고 있는 것이 아닌가. 우연한 발견 전까지 누구도 생각하지 못했던 콜럼버스의 달걀 같은 아이러니였다. 그런 아이들이 고등학교 (주로 독립을 위해 직업학교에 다니는 경우가 대부분이다) 고학년이 되면서 느끼는 자립에 대한 두려움은 아이들을 그때까지 길러 내는 데 집중했던 엄마 수녀들이 상상하는 것보다 훨씬 컸다. 지금까지 자신의 힘으로 아무것도 해 본 적이 없는데 내년부터는 자기 혼자서 모든 것을 해야 한다니……. 숨겨진 징후를 포착한 건축가는 이 아이러니의 진짜 원인이 무엇인지 살펴보다 의외의 발견을 하고 놀라게 된다. 그들을 그렇게 (봉사자는 고되게, 아이들은 무기력하게) 만들고 있는 것은 바로 모든 게 편리하게 계획된 건물 그 자체가 아닌가!

기숙사나 내무반 (나아가 교도소까지) 집단 수용을 위해 만들어진 건물은 위생, 청소, 관리, 효율 같은 관리적 요소를 최우선에 두고 만들어진다. 그러므로 관리자 입장에서 그곳에서 생활하는 사람이 아프지 않고(혹은 서로 병을 전염시키지 않고), 생활하는 데 불편함 없고, 사고 없는 것으로 나름 충분하다고 생각하는 경향이 있다. 그것조차도 잘하는 것이 보통 일이 아니니 '양육' 혹은 '수용'하는 기간 동안 문제가 없는 것으로도 책임이 수반되는 관리자의 입장에는 만족스럽다. 그러나 타인의 관리적 영향력이 지배하는 공간에서 사는 사람들은 역으로 무엇도 자신의 의지대로 할 수 없는 (자신만의 공간을 가질 수도, 방을 꾸밀 수도, 식사를 늦게 할 수도, 먹고 싶은 것을 선택할 수도 없는) 수동적 '객客'으로 지내게 된다. 보육원의 경우 수녀들은 아이들이 보지 못하는 뒤에서 온갖 희생과 헌신을 하고 있는데, 시설 안에서 정해진 규칙(이 규칙은 대부분 관리자가 자신의 임의대로 만든다)대로 지내는 아이들은 점점 더 복종적이고 수동적일 뿐 아니라 나아가 기생적으로 바뀐다. 군대의 내무반을 상상하면 쉽게 이해되는 상황이다. 문제의 실체를 마주한 건축가는 오랜 고민 끝에 건물뿐 아니라 '사는 틀' 자체를 바꿔 보자는 과감한 제안을 한다.

기숙사식 큰 건물을 철거하고, 대신에 작은 주택을 여러 채 만들어 각 집에 아이들이 독립적으로 살게 하자는 제안을 받은 엄마 수녀들은 처음에는 관리가 힘들다, 애들이 다락 구석에 숨으면 어떻게 통솔하냐고 걱정하다가 건축가의 확신과 진정성에 조금씩 마음이 움직인다. 자신들이 키웠던 아이들에 대한 믿음도 작용했고, 가사 노동에 몇십 년간 혹사당했던 육신의 근력도 점차 한계를 보이고 있던 참이었다. 백 명의 원생들을 여덟 채의 단독 주택에 십여 명씩 나누어 생활하게 하고, 매달 주어지는 생활비로 자신들이 직접 장보기도 하고 밥하고 빨래하고 관리비 챙기고 물품 사고(가끔 생활비 모자라서 쪼들리기도 하고)⋯⋯. 엄마들은 뒤에서 지도와 멘토 역할만 하는 것으로 아이와 엄마의 삶의 방식을 완전히 바꾸기로 했다. 아이들은 그동안 '시설'에서 받아 왔던 엄마들의 헌신적 돌봄 혜택 대신, '자신의 집'에서 자신이 모든 것을 결정하고 또한 책임도 지는 새로운 삶의 방식에 처음에는 낯설어했지만, 생각보다 빨리 적응한다. 내 집이라는 '소속감', 내가 해야 한다는 '책임감' 그리고 내가 결정하고 내가 바꿀 수 있다는 '의지'가 아이들을 놀랍도록 빨리 변화시킨 것이다. 각각의 집 마당에는 감, 석류, 포도, 매실, 사과, 자두, 대추, 모과 열매가 달리는 과일나무를 심어 아이들이 나무와 함께 자라고, 졸업 후에도 돌아오고 싶은 나의 집의 열매로 기억되게 했다. 나무 이름이 그대로 집 이름이 되었다. 나무가 모인 곳, '수국樹國마을'의 이름이 이렇게 지어졌다.

아이들이 '우리 집'이 모인 마을에 살게 되고 얼마가 지난 어느 날, 건축가 우대성 앞으로 최근 아이들이 살고 있는 모습을 담은 사진 몇 장이 도착한다. 이장 수녀님(마을의 책임 수녀를 이렇게 부르기로 했다)이 마당에서 족구를 하는 아이들, 칠판 가득한 낙서, 아이들이 식사 준비하며 웃고 있는 모습을 담아서 보냈다. 그리고 마지막 사진을 본 건축가는 자신도 모르게 욱하고 쏟아지는 눈물을 참지 못한다. 작년 크리스마스에 아이들이 주변 동네의 독거노인(부산의 암남동에는 달동네 같은 곳이 아직도 많이 있다)을 방문해서 쌀을 전달해 주는 사진이었다. 매달 주어지는 자신들의 생활비를 아껴서 마련한 것이라고 했다.

아이들은 이미 그들 삶의 주인이 되어 있었다.

개조 전의 기숙사 시설

기숙사가 해체되어 작은 집들이 모인 마을이 되었다.

시설의 원생들이 마을에서는 주민들이 되었다. '시설'이 아닌 '집'이 그들에게 가져다준 것은 이 활력 너머의
그 '무엇'일 것이다.

닫는 글

　　해외로 여행하고 외국에서 공부하는 것이 자유로워지면서 뉴욕 맨해튼 거리는 걷기 좋은데 서울은 걸을 만한 거리 하나 없느냐, 파리는 쉴 수 있는 공원이 도시 곳곳 가득한데 서울은 잠시 앉을 수 있는 벤치 하나 찾기 힘드냐, 베네치아의 멋진 광장에서는 시민들이 모여서 축제도 하고 휴식도 하는데 서울의 광장은 잔디 보호 때문에 들어가는 것조차 눈치 봐야 하느냐……하는 많은 전문가의 상대 비교적 각성과 비판이 쏟아지는 세상에 살게 됐다. 분명한 것은 세상에는 잘 만들어진 도시가 많고, 그에 비해 분명 서울은 많은 문제를 안고 있는 도시인 것도 맞다. 한양은 5백 년 전에 만들어졌지만 거대 도시 서울은 몇십 년밖에 안 된, 도시 나이로는 청년이다. 거기다 한민족의 도시적 전통은 서구에 비해 미약한 것도 부정할 수 없는 사실이다. 그러니 수백 년 된 '영악한' 서구의 대도시에 비해 서울에 허점이 많다는 사실이 이상할 것도 없다. 그러나 분명, 전문가의 지적은 자신이 알거나 목격한 가장 이상적인 예를 비추어 우리 도시의 약한 부분을 큰 문제점으로 과장하려는 성향이 있다. 뉴욕에 짧은 기간 살아 봤거나 방문한 적이 있는 사람은 "맞아! 뉴욕에서는 걸어 다니며 볼 게 많아서 정말 좋았어!" 파리를 여행했다면 "그래! 파리에서는 곳곳에 잘 가꿔진 공원과 광장이 많아서 정말 멋졌어!"라고 맞장구치며 상대적으로 부족한 '서울 까기'에 동참할 것이다.

20년 넘게 파리에 살면서 다수의 건축물과 도시 시설을 짓는 경험을 했지만, 이 글에서 파리가 가진 몇몇 장점을 앞세워 서울의 부족한 점을 드러내려 하지 않았던 이유는 간단하다. 파리 또한 수많은 문제가 있는 곳이기 때문이다. 여행자나 유학생으로 보고 싶은 것, 좋아 보이는 것만 보고 돌아가 그것을 추억할 수는 있지만, 그것이 장점으로 보이기 위해 보이지 않는 곳에서 똬리를 틀고 있는 다른 많은 문제점이 있다는 것을 함께 직시하게 되면 맥락도 역사 배경도 다른 도시의 속성을 단순 비교한다는 것이 얼마나 부질없는지도 알게 된다. 쿨하게 '보이는' 뉴욕 또한 정신 착란증에 비교되는 인간의 욕망이 폭발시킨 광기가 지배하는 곳이고, 낭만 있어 '보이는' 파리 또한 기나긴 문화 갈등의 소용돌이 속에서 자폐적인 방어성이 도시의 근간을 이룬 곳이다. 라스베이거스로 여행 간 한국인이 도심 가득한 간판과 상징물을 보고 멋지다고 환호하듯 서울로 여행 오는 외국 관광객은 건물 가득 덮고 있는 간판에 매혹된다. 서울에는 왜 뉴욕의 센트럴파크 같은 큰 공원이 없느냐는 볼멘소리는, 뉴욕에서 온 여행자가 자신의 도시에서는 본 적 없는 서울의 남산 같은 천연 자연에 매혹되는 이유를 함께 설명할 때 공정한 비교가 될 것이다. 저 도시에는 있는데 여기에는 왜 없느냐는 것은 선별적 비교가 가진 불공정한 속성이다. 일반인도 전문가도 결국 자기가 보고 싶은 것만 본다. 다른 곳과의 비교는 부족함을 비판하기 위해서가 아니라, 나아지기 위한 새로운 영감을 주는 용도일 때 의미가 있다. 그것이 많은 해외 사례를 제시하면서도 이 책에서 내가 견지하고자 했던 태도였다.

건축가라는 직업은 숙명적으로 해결책을 제시해야 하는 업보를 짊어진다. 비판은 기존 것에 흠집을 낼 수는 있지만, 비판만으로는 무언가를 바꾸기는 고사하고 단 한 장의 벽돌도 쌓지 못한다. 건축가인 저자는 자신이 까발려 놓은 (독자들에게는 비판으로 보일) 도시의 숨겨진 모순들에도 불구하고, 해결은커녕 동일한 문제를 야기하는 건물과 도시를 만드는 데 협력하는 위선자가 될 가능성이 농후하다. 내가 만든 건물에도 간판은 매달릴 것이고 건축주의 재산 가치를 높여 주기 위해 주위 건물보다 더 높고 멋져 보이게 최선을 다할 것이기 때문이다. 뱉어 놓은 말과 직업적으로 하는 행동이 서로 다른 방향으로 멀어지는 정신 분열적이고 모순적인 시간만이 나에게 남은 셈이다.

이 글에서 펼쳐 놓은 열 가지 목격담이 우리 도시에 대한 객관적이고 공정한 진단일 리는 없다. 수많은 질문 중에서 하필 그 열 가지만 골라 놓은 것 자체가 편파적이고 주관적이다. 우리 도시에 숨겨진 측면을 끄집어내고 싶었다고 포장했지만, 사실 나에게 어떤 아쉬움과 갈증이 없었다면 그것을 알리기 위해 굳이 힘든 저작의 고통을 겪었을 리도 없다. 아마도 모두가 눈치챘을 나의 속마음을 고백하자면, 그 아쉬움이 가리키는 지점은 '사람이 먼저인 도시'다. 외국인 여행자 같은 관조적인 시선을 유지하려 애썼지만 팔은 안으로 굽는 법이다. 나의 고향이 외형적인 발전과 물질적인 성공이라는 강박관념을 넘어서, 함께 사는 공동의 가치에 좀 더 관심을 가졌으면 하는 건축가 특유의 '오지랖'을 결국 참지 못했다. 몽상가임이 분명한 나에게는 아무리 생각해도 그것이 더 가치 있고 더 고급스럽고 더 지속 가능해 보였나 보다. 이런 대안도 있다고 덧붙이고 싶은 사례는 수없이 머릿속을 맴돌았지만, 글머리에서 다짐했던 것처럼 여행 일지 수준에 멈추는 게 맞는다는 결론을 내렸다. 대안이라고 썼던 여러 장 가운데 삭제하지 않은 유일한 단락이 마지막 10장이다. 그 장에 소개된 몇 개의 사례가 앞장에 내가 '까발린' 문제들의 해결에 직접적인 도움을 주는 것도 아니다. 단지 지금까지 우리의 도시가 우선으로 두고 살아왔던 '절대적 가치'라 여겼던 것들을 조금은 다른 관점으로 바라보게 해 주는 '상대적인 영감'이 되지 않을까 한다.

그러나 오랜 여행을 통해 깨달은 것이 하나 있긴 하다. 여행이 무서운 것은 일단 한번 그 맛을 알고 나면 멈출 수가 없다는 것이다. 이 짧은 여행으로 당연하게만 보였던 우리의 도시 아래에 아직도 많은 가능성이 숨어 있다는 것을 눈치챘다면 당신도 이미 여행자가 되었다는 뜻이다. 당신만의 도시 여행이 계속되기를 바란다. 그곳에서 당연하고 절대적으로 보였던 현실의 모습 뒤에 숨겨진 당신만의 상대적 가치를 분명 찾아낼 수 있을 것이다. 자유 여행으로 알고 함께 떠나온 독자에게 사실은 패키지 여행이었다고 바가지 씌우는 것보다, 독자의 상상력을 믿고 나의 결론이나 해답을 자제하는 것이 사실은 더 힘들다는 핑계와 함께 글을 맺는다.

이 '여행기'를 쓰는 데 큰 도움을 준 고마운 분들에게 말뿐인 감사 인사보다 식사라도 꼭 한번 대접해야겠다. 서울시청 '빛의 광장' 계획안에 대한 상세한 자료 제공과 재사용을 흔쾌히 허락해 주신 서울대 건축학과 서현 교수, 산지미냐노의 잘 알려지지 않은 역사와 고증을 찾는 데 친절한 도움을 주신 피렌체 건축대학의 피에트로 마트라키Pietro Matracchi교수와 이탈리아어 자료 조사를 도와준 마리아 루도비카 베네데티Maria Ludovica Benedetti 씨에게 깊은 감사를 드린다. 또한 9장에 소개된 파리 '프레미쿠르 공동주택Housing Fremicourt' 등을 통해 건축과 도시의 소통에 대한 멋진 생각을 실천으로 보여 준 파리의 건축가 엠마뉴엘 마랭Emmanuelle Marin, 다비드 트로탕David Trottin 그리고 안프랑수아즈 주모Anne-Françoise Jumeau와 그들의 팀 패리페릭Peripheriques에게 동지로서의 우정과 지지의 마음을 보낸다. 그리고 뜨거운 가슴과 차가운 머리로 기존의 '절대 가치'와의 싸움에서 멋지게 승리한 '수국마을'의 우대성 건축가와 그의 팀 오퍼스Opus에게 찬사로는 부족할 응원의 마음을 보낸다. 또한 큰 생각과 상상할 수 없는 용기로 건축이 진정 아름다워지는 방법을 많은 동료에게 보여 준 산티아고의 건축가 알레한드로 아라베나Alejandro Aravena와 그의 팀 엘레멘털Elemental에게 진심 어린 존경과 박수를 보낸다.

또한 초보 작가를 어머니처럼 어르고 달래 겨우 종점에 이르게 끌어 주었던 을유문화사의 김경민 편집장과 정상준 주간께도 특별한 감사를 전한다. 마지막으로 남들 다하는 '이런 짓' 하지 말라고 신신당부했지만, 전문적인 지식을 더 많은 사람이 쉽게 읽을 수 있도록 써 보길 권유하고, 또 그만큼 많이 읽어 주고 충고해 준 나의 동료이자 친구이며 아내인 심지연에게 새삼스러운 감사 인사를 남긴다. 나에게는 너무 좋은 사람이 과분하게 많았다.

참고 문헌

1. *The Hidden Dimension*, Edward T. Hall(New York: Anchor, 1966) P.7

2. 통계 사이트 www.averageheight.co 2020년 통계 자료

3. 『장례의 모든 것』(2017). 흥미로운 미디어

4. *Le Torri di San Gimignano*, Luca Giorgim, Pietro Matracci(Napoli: Didapress, 2019)

5. *Delirious New York*, Rem Koolhass(New York : The Monacelli Press, 1997) P.111. 필자의 재해석

6. *Learning from Las Vegas*, Robert Venturi, Denise Scott Brown, and Steven Izenour(MIT Press, 1972)

7. 『한국인에게 문화는 있는가』(1997), 최준식, 사계절, 38쪽

8. 『아파트 한국사회』(2013), 박인석, 현암사

9. 『공간과 장소』(2020), 아-푸 투안, 사이

10. *The Hidden Dimension*, Edward T. Hall(New York : Anchor, 1966) P.108

도판 출처

16, 38, 58, 78, 110, 130, 162, 194, 234, 272 ⓒ 심지연

23 ⓒ 안현주

25 일러스트 송인욱, ⓒ 을유문화사, 임우진

27, 30, 31, 32, 37, 47 위, 55, 72, 76, 84, 92, 95, 143, 145, 182 아래, 193, 248~250, 269 아래, 271, 276, 281, 285 ⓒ 임우진

103 위 ⓒ Dzihi / Wikimedia Commons

103 아래 ⓒ 四葉亭四迷 / Wikimedia Commons

147 출처 서울특별시

159 ⓒ 서현

166, 167 ⓒ Luca Giorgi & Pietro Matracchi

172 ⓒ Marie Sjödin

174 ⓒ FOX 52 / Wikimedia Commons

182 위 ⓒ Robert Venturi

185 ⓒ min woo park

189 ⓒ King of Hearts / Wikimedia Commons

215 ⓒ (재)청송문화관광재단

215 제공 차경환

241 아래 ⓒ Viarami

243 위 ⓒ 이돈삼

255 ⓒ Birgit Böllinger

262 © Oskar Alexanderson / Wikimedia Commons

264, 265 © Sergio Grazia

289 © Alejandro Aravena

299 © 우대성&오퍼스건축사무소

300 © 윤준환&오퍼스건축사무소

찾아보기

ㄱ

가로 138, 139, 148, 150, 151, 154, 181,
　217, 220, 277, 279
가로수길 151
가르니에 오페라하우스 47
가족 합장묘 71, 72
가족의 집 70, 77
간판 151, 180~185, 302, 303
거실 91~93, 96~98, 100~102, 196, 237,
　244, 259
건설 상품 222
게임의 법칙 188
경복궁 216~218, 221
고도 제한법 165
고층 빌딩 비교표 174
공간 심리학 240
공간 주도권 236, 237, 245~247, 249,
　253, 256, 259
공간에 대한 애착 242
공공의 책임 방기 227
공기 난방식 106

공동묘지 64~68, 71~76, 279
공동의 선 26
공적 공간 253, 266, 267
공중권 175
광장 33, 131~137, 145~150, 152~158,
　160, 209, 212, 219, 220, 251, 253,
　266, 267, 276, 301, 302, 305
광화문 거리 155
광화문 광장 134, 147, 148, 149, 154, 155
교도소 196, 201~203, 207, 209, 219,
　291, 296
구들 102, 105, 106
국제주의 양식 262
권력 상징 119
길 138~148, 150~151, 154~156, 171, 212,
　214, 220, 227, 228, 232, 246~253,
　255, 258~262, 264, 267, 269, 277,
　286, 289
까따꼼브(카타콤) 71
꽃 마을 274, 280
꽃 마을 국가위원회 279

ㄴ

나폴레옹 71, 136
낙관적 도시관 19
남향집 88, 91
납골당 64, 67~69
노래방 52, 195, 196, 198, 220, 233

ㄷ

다문화 환경 26, 28, 202
단속 카메라 29, 30, 32, 35
담장 18, 138, 211~217, 220~223, 228
도시 시스템 26, 28, 30, 32, 35, 36
도시 신경계 144
도시 좌표 144
도시의 주인 246
도시적 경험 184
도시적 공터 144
도시적 진공 상태 227
도핀 광장 153
디에볼샤임 274

ㄹ

라데팡스 187
라스베이거스 178, 182, 186, 191, 246
로지아 150
롯데월드타워 163, 187
루브르궁 217
룸살롱 197, 198, 220
뤽상부르 공원 268
르노트르, 앙드레 267
르아브르 141

ㅁ

마루 98~101, 114, 214
마리아수녀회 292
마을 33, 60, 106, 124, 138, 140, 141,
    144, 165, 214, 230~232, 274, 275,
    279, 280, 289, 292, 298, 300
마천루 121, 170, 171, 173, 175, 187~189, 191
마천루의 저주 173
만남의 광장 131, 134, 212, 251
망우동 공동묘지 64
맨해튼 169~171, 173, 175, 177, 186, 187,
    189, 191, 301
메갈로폴리스 33, 186
메트로폴리스 34, 173

ㅂ

박인석 227
반쪽 집 282, 289, 290
발코니 93, 98, 148, 150, 259, 263, 264,
    273, 277
발코니 확장 259, 263, 273
방 42, 87, 91, 93, 94, 96, 97, 102, 104,
    105, 108, 113, 114, 135, 195~199,
    201, 202, 205~207, 209, 211, 212,
    218~220, 235~238, 244, 253, 293~
    295, 297
배산임수 86~88
배타적 사적 재산권 228
벤투리, 로버트 180
벽 80, 81, 88, 89, 93, 165, 166, 196, 211,
    238, 242
벽난로 106
벽식 구조 107
보금자리 주택 283

보육원 291, 292, 295, 297
『보이지 않는 도시』 9
『보이지 않는 도시들』 9
보차분리 144, 148
부르즈 할리파 163, 121, 122
부족형 도시 231
북촌 33, 251, 252
북향집 91
불법 외부 주차 222
뷔롱, 로베르 275
브랜드 경쟁 223
브롱냐르 71
빛의 광장 157, 158

ㅅ

사유화 249
사적 공간 198, 249, 253, 266, 268
사적 공동체 공간 197,
사회 구심적 공간 240, 242, 243
사회 원심적 공간 238, 240, 242, 257, 262
사회 주택 282~284, 288, 290
산 마르코 광장 132
산지미냐노 164, 166, 167, 171, 305
상대적 가치 305
상조 서비스 68
상징 지위 173, 187
서대문 형무소 203
서울역 광장 134
서울연구원 190
서인도제도 6
서현 157, 305
선진 국민 22, 34, 36
선진국 36, 163, 290
성 베드로 성당 136, 267

성악설 35
세종문화회관 대극장 47, 48
〈섹스 앤 더 시티〉 177
소드 라인 51
소머, 로버트 238
〈쇼생크 탈출〉 201
수국마을 298, 306
수용 40, 42, 45, 67, 72, 202, 284, 285, 296, 297
『숨겨진 차원』 28
슬렌더 마천루 175
시각적 상징 119
시그램 빌딩 163
시민의식 26
시청 앞 광장 134, 147, 157
시테섬 153
시한부 묘지 71, 72
신작로 138
심리적 소유권 242, 266
쐐기돌 80, 81, 83, 84, 89, 104
쐐기돌 장식 97, 109
씨족 사회 230

ㅇ

아궁이 102~105
아라베나, 알레한드로 284, 287
아르데코 양식 107
아시시 247
아치 80~84, 152
아케이드 152
아트리움 207
아파트 공화국 224
아파트 단지 125, 126, 219~222, 224~ 226, 228, 231, 258, 261

아파트 망국론 224
아파트 브랜드 125, 126
안방 91, 94, 96, 97, 104, 114
안전장치 28
알로이시오 신부 292
압구정 현대아파트 127
앨커트래즈 교도소 203
양동마을 214
양심 냉장고 21, 35
엘리베이터 106, 199, 200, 207, 292
엠파이어 스테이트 빌딩 170, 172~175
여의도 광장 134, 137
연결로 138, 139
연극 극장 46
영구 임대 283, 287
영화관 44~46, 48, 52
오즈먼드, 험프리 238
오페라 극장 44~46, 48, 56
온돌 102~108
요시다 하쓰사부로 216
용적률 190, 226
워싱턴 D.C. 유니온역 241
워싱턴 기념비 187
원형극장 44, 51
월드컵 응원 156
웬들링 신부 274
육조거리 147, 149
인방보 83, 84
인프라 35
임대 아파트 282, 283
임대 주택 282, 283, 287
입주민협의회/입주자협의회 226, 231,
    282

ㅈ
자기 내향형 건축 212
자연 매장 63, 65, 70~72
자폐성 212, 222
장례 59~64, 67, 75, 94, 293
장례 건축 미학 75
장소 136, 158, 160, 184, 198, 199, 236,
    237, 240, 253, 266, 268, 274
장소성 160
적정 거리 42
절대적 가치 304
제퍼슨, 토머스 187
조선박람회 조감도 216
조적식 80
종속 변수 139
주상 복합화 223
주차 금지 푯말 142
지역 공동체 230
집단적 기억상실증 184
집단주의 문화권 210
집합적 공간 209, 266, 267, 268
징벌적 손해 배상 32

ㅊ
채 나눔 112, 113
처칠, 윈스턴 56
촛불집회 147, 156
침실 94, 96, 97, 196

ㅋ
카페 테라스 132, 147, 243
캄포 광장 133, 157
캐노피 152
캘훈, 존 42

커뮤니케이션 45, 46
콜럼버스 10, 66, 296
콩코르드 광장 132, 136, 267
키스톤 81, 82

ㅌ

틸르리 의자 268, 271
틸르리 정원 267, 269

ㅍ

팔마노바 140
페르라세즈 71, 73, 76
평상 27, 144, 146, 242, 243, 251, 257
포츠담 광장 132
퐁피두센터 광장 133
풍수지리 85~88
프록세믹스 28
프리츠커상 290

ㅎ

하네다 공항 241
하회마을 140, 214
한국의 길 139, 144, 146
홀, 에드워드 28
홍제동 화장터 64
화덕 106
화장 63, 64, 67, 94
횡단보도 17, 21, 22, 25, 29, 34
흰쥐 40, 43
히포카우스트 102

기타

1WTC타워 187
2030 서울 도시 기본 계획 188
35층 룰 190
40 월스트리트 빌딩 171
63빌딩 163
〈7번방의 선물〉 201